出境旅游领队实务

邓应华 主 编
谢 敏 田 玲 黄 武 副主编

清华大学出版社
北京

内 容 简 介

本教材以出境领队的典型工作任务为载体，共设计认识出境旅游领队岗位、领队出团前的准备工作、中国出境与他国入境工作、领队境外带团的主要工作、他国出境与中国入境工作、领队带团归国后的工作六个学习项目，将一条经典的澳大利亚黄金旅游线路贯穿整本教材的六大工作任务中，以新型活页式教材的表现形式将出境旅游领队的专业知识生动地展现在学生面前。书中的每一个项目，都是从引导案例入手，引出领队工作任务的核心点，然后指导学生完成工作任务，最后以总结归纳的方式进行编排，力求让学生先身临其境，明确要完成的任务，再用所学知识完成活页式教材中的任务，最终达到巩固提升专业技能的目的。本教材通过领队工作任务的构建，让学生能够立体化掌握知识，提升能力，也为社会上需要从事出境旅游领队的人员提供了宝贵的学习资料。

本教材除了可以作为高职院校教学用书，还可作为旅行社出境领队上岗培训的参考用书。

本书封面贴有清华大学出版社防伪标签，无标签者不得销售。
版权所有，侵权必究。举报：010-62782989，beiqinquan@tup.tsinghua.edu.cn。

图书在版编目(CIP)数据

出境旅游领队实务/邓应华主编. —北京：清华大学出版社，2022.10 (2025.1重印)
ISBN 978-7-302-61971-0

Ⅰ. ①出… Ⅱ. ①邓… Ⅲ. ①国际旅游—旅游服务 Ⅳ. ①F590.63

中国版本图书馆 CIP 数据核字(2022)第 181621 号

责任编辑：孟　攀
装帧设计：杨玉兰
责任校对：周剑云
责任印制：刘　菲

出版发行：清华大学出版社
　　　　　网　　址：https://www.tup.com.cn，https://www.wqxuetang.com
　　　　　地　　址：北京清华大学学研大厦 A 座　　邮　编：100084
　　　　　社 总 机：010-83470000　　邮　购：010-62786544
　　　　　投稿与读者服务：010-62776969，c-service@tup.tsinghua.edu.cn
　　　　　质量反馈：010-62772015，zhiliang@tup.tsinghua.edu.cn
　　　　　课件下载：https://www.tup.com.cn，010-62791865

印 装 者：三河市铭诚印务有限公司
经　　销：全国新华书店
开　　本：185mm×260mm　　印　张：12.75　　字　数：310 千字
版　　次：2022 年 11 月第 1 版　　印　次：2025 年 1 月第 3 次印刷
定　　价：39.80 元

产品编号：087446-01

前　　言

　　为了紧跟国家应用型教学改革的需要，《出境旅游领队实务》以出境领队的典型工作任务为载体，共设计认识出境旅游领队岗位、领队出团前的准备工作、中国出境与他国入境工作、领队境外带团的主要工作、他国出境与中国入境工作、领队带团归国后的工作六个学习项目，以新型活页式教材的表现形式将出境旅游领队的专业知识展现在学生面前。

　　本教材有以下几个特点：①校企合作，本教材是由奋战在第一线的老师与企业人员共同编写的，因此，可以根据企业对人才内涵的需求设计教学内容，以岗位工作任务为载体设计各学习情境。②理实结合，本教材将"知识总结、能力训练和素质培养"贯穿于全过程，在各学习情境之中，理论与实践相结合，力求做到系统完整，前后呼应，知识连贯；在讲述时做到阐述清晰易懂、承上启下、重点突出。③任务驱动，本教材以任务导向理念为指引，教材中的每一个项目内容，都是按照任务目标、任务实施、任务评价考核点、任务指导，最后以总结归纳的方式进行编排的，力求让学生在每一个任务中先身临其境，再明确要完成的任务考核点，运用资料进行编辑整理，最终完成学习任务并参照给出的总结评价自己的表现。教材中的六个项目，能够让学生通过任务的完成而扎实地掌握所学的内容。新型活页式教材让学生能够立体化掌握知识，活页式任务单的加入，能让学生更明确学习目标，提升能力。

　　本教材为新型活页式形态，由长沙商贸旅游职业技术学院邓应华、谢敏、田玲、韩燕平和企业金牌领队黄武(长沙国旅国际旅行社总经理)共同编写完成，李晖教授、崔德明教授负责主审。所有编写人员均为一线的优秀教师或企业专家，有着多年的教学和实践经验，具体包括：邓应华(负责教材总体设计、前言、项目四、项目六)；谢敏(负责项目二、项目三)；田玲(负责项目一、项目五)；黄武(负责教材总体设计及定稿)；韩燕平(参与编写项目四)。本教材的数字资源开发及制作由邓应华总体负责，田玲、谢敏是本教材数字资源的主要完成人员。

　　为方便广大教师教学和学生学习，本教材还提供了配套的精美课件、微课及学习视频。教材中引用了诸多文献资料，在此一并向各作者表示感谢。

　　由于编者水平有限，错误与不当之处在所难免，欢迎广大读者批评指正。

编　者

目 录

项目一　认识出境旅游领队岗位……1

　工作任务一　认识出境旅游领队……2
　　任务目标……3
　　任务实施……4
　　任务评价考核点……4
　　任务指导……4
　　一、出境旅游领队的概念……4
　　二、出境旅游领队的从业资格及
　　　　基本素质要求……5
　　三、领队资格证的获取……7
　工作任务二　出境旅游与领队队伍的
　　　　　　　发展……14
　　任务目标……15
　　任务实施……15
　　任务评价考核点……16
　　任务指导……16
　　一、出境游的发展……16
　　二、领队职业的现状与发展……18
　　三、领队在整个出境旅游环节中的
　　　　作用……21
　项目小结……24
　思考与能力训练……24

项目二　领队出团前的准备工作……25

　工作任务一　接受带团任务……26
　　任务目标……26
　　任务实施……40
　　任务评价考核点……40
　　任务指导……40
　　一、与OP交接……40
　　二、核对相关信息……42
　　三、收集信息，做好预演……49
　工作任务二　召开行前说明会……50
　　任务目标……51
　　任务实施……51
　　任务评价考核点……51
　　任务指导……51
　　一、行前说明会的内容……52
　　二、行前说明会中领队注意事项……55
　　三、行前说明会的补救……55
　工作任务三　团队资料及领队行装准备……56
　　任务目标……56
　　任务实施……56
　　任务评价考核点……56
　　任务指导……56
　　一、完善团队相关资料……56
　　二、再次检查和归类资料……58
　　三、其他团队资料准备……59
　　四、领队的行装准备……59
　项目小结……62
　思考与能力训练……62

项目三　中国出境和他国入境工作……65

　工作任务一　团队集合……66
　　任务目标……66
　　任务实施……66
　　任务评价考核点……66
　　任务指导……66
　　一、团队集合……66
　　二、召开机场说明会……68
　　三、机场相关服务……70
　工作任务二　办理乘机手续……71
　　任务目标……71
　　任务实施……71
　　任务评价考核点……71
　　任务指导……71
　　一、集体办理乘机手续……72
　　二、单独办理乘机手续……73
　工作任务三　带领团队通关……73

任务目标 ………………………… 74
　　任务实施 ………………………… 74
　　任务评价考核点 ………………… 74
　　任务指导 ………………………… 74
　　　一、通过中国海关 ……………… 74
　　　二、通过卫生检疫 ……………… 76
　　　三、通过边防检查 ……………… 77
　　　四、通过安全检查 ……………… 77
　工作任务四　隔离区和飞机上的服务 … 79
　　任务目标 ………………………… 80
　　任务实施 ………………………… 80
　　任务评价考核点 ………………… 80
　　任务指导 ………………………… 80
　　　一、隔离区服务 ………………… 80
　　　二、飞机上的服务 ……………… 82
　工作任务五　他国入境服务 …………… 85
　　任务目标 ………………………… 85
　　任务实施 ………………………… 85
　　任务评价考核点 ………………… 85
　　任务指导 ………………………… 86
　　　一、卫生检疫 …………………… 86
　　　二、入境审查 …………………… 86
　　　三、领取行李 …………………… 89
　　　四、海关入境检查 ……………… 90
　项目小结 …………………………… 91
　思考与能力训练 …………………… 91

项目四　领队境外带团的主要工作 …… 93

　工作任务一　食——带领团队用餐 …… 94
　　任务目标 ………………………… 94
　　任务实施 ………………………… 95
　　任务评价考核点 ………………… 95
　　任务指导 ………………………… 95
　　　一、领队与境外导游的工作配合 … 95
　　　二、游客用餐时的领队服务流程 … 97
　　　三、游客用餐时的主要突发事件
　　　　　处理 …………………………… 99
　工作任务二　住——带领团队下榻
　　　　　　　　酒店 ……………………100

　　任务目标 …………………………101
　　任务实施 …………………………101
　　任务评价考核点 …………………101
　　任务指导 …………………………101
　　　一、游客下榻酒店入住服务 ………101
　　　二、境外入住酒店突发事件处理 …103
　工作任务三　行——带领团队交通
　　　　　　　　出行 ……………………105
　　任务目标 …………………………106
　　任务实施 …………………………106
　　任务评价考核点 …………………106
　　任务指导 …………………………106
　　　一、境外带团交通出行的工作
　　　　　流程 ……………………………106
　　　二、预防和处理团队交通出行中的
　　　　　突发事件 ………………………107
　工作任务四　游——带领团队游览观光 …109
　　任务目标 …………………………109
　　任务实施 …………………………110
　　任务评价考核点 …………………110
　　任务指导 …………………………110
　　　一、领队境外带团游览工作流程 …110
　　　二、境外常见游览中突发事件的
　　　　　预防与处理 ……………………113
　工作任务五　购——带领团队境外
　　　　　　　　购物 ……………………117
　　任务目标 …………………………117
　　任务实施 …………………………118
　　任务评价考核点 …………………118
　　任务指导 …………………………118
　　　一、领队境外带团购物服务的工作
　　　　　流程 ……………………………118
　　　二、领队带领游客购物技巧 ………119
　　　三、游客购物的常见问题处理 ……120
　工作任务六　娱——带领团队完成娱乐
　　　　　　　　活动 ……………………122
　　任务目标 …………………………122
　　任务实施 …………………………122
　　任务评价考核点 …………………122

目录

　　任务指导 …………………………… 123
　　一、领队境外带团完成娱乐活动的
　　　　工作流程 ………………………… 123
　　二、常见团队娱乐活动中的突发
　　　　事件的预防及处理 ……………… 125
　　三、领队境外带团的其他工作 …… 125
项目小结 …………………………………… 126
思考与能力训练 …………………………… 127

项目五　他国出境与中国入境工作 …… 129

工作任务一　他国出境及隔离区服务 …… 130
　　任务目标 …………………………… 131
　　任务实施 …………………………… 131
　　任务评价考核点 …………………… 131
　　任务指导 …………………………… 131
　　一、办理乘机手续 ………………… 131
　　二、购买离境机场税 ……………… 133
　　三、办理移民局离境手续 ………… 134
　　四、办理海关手续 ………………… 135
　　五、办理购物退税手续 …………… 135
　　六、准备登机 ……………………… 137
工作任务二　中国入境服务 ……………… 137
　　任务目标 …………………………… 138
　　任务实施 …………………………… 138
　　任务评价考核点 …………………… 138
　　任务指导 …………………………… 138
　　一、接受检验检疫 ………………… 138
　　二、接受入境边防检查 …………… 140

　　三、领取托运行李 ………………… 141
　　四、接受海关查验 ………………… 142
　　五、送团 …………………………… 144
项目小结 …………………………………… 145
思考与能力训练 …………………………… 145

项目六　领队带团归国后的工作 ……… 147

工作任务一　与组团社进行工作交接 …… 148
　　任务目标 …………………………… 148
　　任务实施 …………………………… 148
　　任务评价考核点 …………………… 148
　　任务指导 …………………………… 148
　　一、领队与组团社 OP 进行交接
　　　　工作 ……………………………… 148
　　二、领队与组团社财务进行交接
　　　　工作 ……………………………… 151
工作任务二　保持与游客的联系 ………… 152
　　任务目标 …………………………… 152
　　任务实施 …………………………… 152
　　任务评价考核点 …………………… 152
　　任务指导 …………………………… 153
　　一、带团归来不应与游客彻底
　　　　告别 ……………………………… 153
　　二、用多种方式与游客保持联系 … 153
项目小结 …………………………………… 155
思考与能力训练 …………………………… 155

活页 ……………………………………… 157

项目一

认识出境旅游领队岗位

【教学目标】

知识目标：掌握出境领队的概念；了解领队应具备的知识结构和能力指标；掌握领队资格的准入条件；了解领队的作用；了解中国出境旅游与领队队伍的发展趋势。

能力目标：培养学生对领队的正确认知能力及对领队的职业规划能力。

素质目标：热爱领队工作，具有较强的责任心和服务意识，提升可持续学习的能力。

【关键词】

领队岗位认知　领队岗位基本素质　领队资格认定　领队发展趋势

工作任务一　认识出境旅游领队

思政案例导入

名领队的博客：我的领队我的团

有过跟团经验的朋友对领队都不会陌生，领队就是那个带出境旅游团的导游，业内称之为领队。今天我们以现在最火爆的东南亚旅游团为例，聊聊领队到底都干了啥。

1. 第一次接触

领队接到出团通知后，第一件事就是领取派团单，派团单一般在出团前一天就要拿到。从领到派团单的那一刻领队的工作就算正式开始了。领完派团单后，领队需要给游客分发出团信息，为了避免重复，也为了不打扰更多的游客，一般情况下，以家庭为单位出游的游客领队只联系一个人。信息的结尾除了祝福语，还会注明"收到信息请回复您的姓名以及同行人员的姓名，谢谢"。发完信息后，领队要做的工作包括：①对照名单表核对信息回复情况，对没有收到回复的客户会逐一打电话提醒，实在没有收到，会重新发送，一定要做到万无一失。②填写落地签申请表，如果全团人都需要办落地签，那就是帮全团人填写。③填写全团人的出入境卡(如果有空白卡，需提前准备，如果没有，需在飞机上抽空填写)。④检查核对落地签、提前签证情况，做相应准备。⑤初步分房。

2. 机场相遇

马上要见到领队的庐山真面目了，一般情况下，出境团要求提前三个小时到达机场，领队一般会更早到达机场，先找到合适的集合地点，然后与公司的送机人员初步沟通。随着集合时间的临近，领队开始了繁忙的工作：不停地接听电话，告知自己所处的具体位置。每到一拨游客，领队都需要有条不紊地贴照片、收护照、收签证费，与客人签署公司要求的各种协议，并叮嘱大家不要走远。等游客到齐以后，领队会为游客召开15分钟左右的说明会，说明会主要涉及与海关、安检、登机相关的注意事项。一般情况下，机场说明会分几大块：一、核对行程，确保行程一致；二、说明服务标准；三、注意事项，如托运、海关、安检、落地后，旅途过程中各个环节的注意事项；四、出境游文明公约。开说明会的同时，送机人员帮大家办理登机手续。说明会结束后，领队会把登机牌、护照发到每个人手里，然后组织大家托运、过海关、过安检、到达登机口。这时已经到达机场两三个小时的你可以进行短暂的休息，但是领队要做的事情还没有结束，需要在登机口把团里客人的护照全部收走，办理入境手续。因为大家刚刚接触两三个小时，彼此还不是很熟悉，在登机口一两百人中找到自己团里的每个人并不是件轻松的事。收完核对无误后，领队才可以坐下来让僵硬的双腿和腰稍微放松一小会儿。从进入机场到现在，领队已经站立工作4小时左右了。

3. 三万英尺外的工作

因为飞行时间大约四五个小时，上了飞机以后，大家就可以休息了，但是领队还不能

项目一　认识出境旅游领队岗位

马上休息。如果出入境卡是飞机上发的,需要帮大家填写出入境卡,然后把办理签证的资料整理好,护照、出入境卡、入境申请表都要一一对应,并按照落地签的要求整理好,把落地签费用算好。等这些工作全部完成后,飞机上的游客都已经进入了梦乡。看看时间,基本上已经飞了大半行程了。

4. 异国他乡的忙碌

(1) 过海关。飞机落地后,作为游客的你按照领队提前交代的,不紧不慢地跟着人流走,就可以找到旗子和团队。领队就不那么舒服了,下了飞机,一场领队赛跑就开始了。领队们抱着签证资料,个个跟后面有狼追着一样,往落地签办理处跑去。每个人都想自己团队的签证早点出来。提交完资料,在等出签的过程中,领队需要赶紧回去找自己团队的游客,把大家集中起来。然后再马不停蹄地回到签证处等着出签,当碰到飞机密集、团队多的时候,领队要往返无数趟,期间还要安抚游客的情绪(真的很不容易,希望看到这些的朋友,以后出去旅游对领队能多一些理解)。拿到签证后,组织大家过海关、取行李、出机场、和地接导游会面。见到地接导游后,领队总算是可以轻松一下了。

(2) 入住分房。到酒店后领队会根据分房表和实际情况妥善分房,然后大家就可以去休息了。而领队暂时还不能和游客一样回房间休息,需要和地接导游核对行程、名单,沟通团队情况,还有特殊需求之类的。等到领队可以休息的时候,估计大家又一次进入梦乡了。

(3) 旅途中因为多了地接导游的服务和配合,相对来说,领队可以稍作放松了。但是全程下来,领队绝对是起得最早,睡得最晚,用餐时间最短,每天步数最多的那个人。

5. 领队终于可以下班了

当地行程结束后,大家被送到机场,地接导游可以回家睡觉了。领队的任务又重了,组织大家办理托运、过海关、安检,到达登机口核对人数。这一趟领队的工作终于接近了尾声,大家顺利地上了飞机,领队就可以坐等下班铃声响起了。

(资料来源:https://www.sohu.com/a/229234179_163019)

【案例解析】领队工作看似风风光光,其中的辛苦却只有领队自己心里知道,领队人员不仅要"埋头拉车",也要"抬头看路",还要先学一步、快学一步、早学一步,以丰富的知识武装自己,以最快的速度从各种渠道获得最新的资讯,并付诸研究运用,才可以"春江水暖鸭先知"。虚心苦学、知识化运作是最大的窍门。

一位优秀的领队必须是旅游团队的指挥者、领导者、组织者、领袖人物及核心。作为出境游的灵魂人物,领队是旅行社派往国外的合法代表,在带团过程中,要负责维护好我国组团旅行社的权益以及旅游团队游客的安全及合法权益。优秀的领队必须具备爱岗敬业、爱国诚信的职业情操,细心、周密、热情的服务意识以及团结、协作的合作意识。

任务目标

2015年版《中华人民共和国职业分类大典》(以下简称《大典》)第一次将旅游团队"出境领队"作为新职业纳入新版《大典》,这标志着出境领队在国家职业体系中首次得以确立。

导游小王经常会看见同事在朋友圈发送境外带团的照片,她也很羡慕这样一份领队工作。小王该如何认识"出境领队"这一职业呢?

任务实施

请每个小组将任务实施的步骤和结果填写到活页的任务单 1-1 中。

任务评价考核点

(1) 认知出境领队的岗位及类型。
(2) 知晓出境领队所应具备的基本素质。

任务指导

一、出境旅游领队的概念

"领队"在《现代汉语词典》中解释为"率领队伍的人"。出境旅游领队又被称为海外领队,就是照顾海外出游团队、提供相关服务并担当领队角色的人员。作为出境游的灵魂人物,海外领队也是旅游团队的指挥者、领导者、组织者、领袖人物及核心。其主要任务就是负责维护好我国组团社的权益以及旅游团队游客的安全及合法权益,是旅行社派往国外的合法代表。

我国旅游界对"领队"的认知最早是从入境游开始的,1983 年出现的港澳地区探亲游领队是中国旅行社行业中最早的出境游领队。随着中国经济的持续增长和国民收入水平的迅速提高,中国出境旅游市场的发展出现了前所未有的变化,根据 2015 年统计数据,中国已批准 140 个国家和地区为中国公民出境旅游目的地,实施 111 个。2019 年中国入出境旅游总人数 3 亿人次,同比增长 3.1%。

我国公民目前参加的出境旅游,以团队旅游形式为主,因此,领队作为出境旅游团队的核心人物依然是不可缺少的。

目前,旅游界对"领队"的叫法多种多样,有"Tour Leader""Tour Escort""Tour Conductor""Tour Manager"等多种称呼。对领队的各种不同的称呼,显示出人们对领队功能的认知略有偏差。"Tour Leader"和"Tour Manager"的称呼,倾向于领队对旅游团的责任;"Tour Escort""Tour Conductor"和"随员"(如日本的旅行社,领队就被称为"随员")的称呼,则更倾向于领队的服务功能。各国领队虽然名称不同,但所从事和承担的工作却大致相同。领队作为出境旅游团的带队人,受旅行社指派,所要完成的都是要保证旅游团平稳运行的工作。

2002 年 7 月 27 日,我国文化和旅游部首次发布《旅行社出境旅游服务质量》,将"出境游领队"定义为"依照规定取得领队资格,受组团社委派,从事领队业务的工作人员"。领队全权代表组团社带领旅游团出境旅游,督促境外接待旅行社和导游人员等方面执行旅游计划,并为旅游者提供出入境等相关服务。按照《中国公民自费出国旅游管理暂行办法》

中的相关规定，结合2018年修正的《旅游法》，领队的定义是：出境旅游领队，简称海外领队，是指持有导游证，具有相应的学历、语言能力和旅游从业经历，并与具有出境旅游业务经营权的国际旅行社订立劳动合同，接受其委派，从事出境旅游领队业务的人员。

二、出境旅游领队的从业资格及基本素质要求

(一)出境旅游领队的从业资格

我国《出境旅游领队人员管理办法》第三条规定，申请领队证的人员，应当符合下列条件：①有完全民事行为能力的中华人民共和国公民；②热爱祖国，遵纪守法；③可切实负起领队责任的旅行社人员；④掌握旅游目的地国家或地区的有关情况。其中，第一条"有完全民事行为能力的中华人民共和国公民"，除包含有对领队头脑清醒、能为自己行为负责的身心健康要求外，也对领队的国籍进行了限制。"中华人民共和国公民"的被限定词表示：中国公民的出境旅游团队的领队，只限由具有中华人民共和国国籍的公民来担任。第二条"热爱祖国，遵纪守法"的要求在许多行业中都常见，看似平常，但对于领队职业来说，则更重要。由于工作的特殊性，领队的工作环境很多都在境外，领队必须时刻牢记，"我是中国人，在世界面前我代表中国"，因此在境外工作时，领队要时刻引导游客热爱自己的国家，自觉维护国家形象。第三条"可切实负起领队责任的旅行社人员"，包含两重意思，一是指担任领队的人必须具备一定的工作能力；二是指领队在任职资格上限制为旅行社内部人员，尚不允许社会其他行业的人来担任。第四条"掌握旅游目的地国家或地区的有关情况"，是对领队行业知识的基本要求。随着中国开放的目的地国家不断增多，将这些目的地国家的有关情况悉数掌握，必须要经过一番艰苦的努力。

由以上可以看出，规定中并没有对年龄、学历等进行严格限制，很多条件也都是一些粗泛的、框架式的规定，不是说只要具备这样的条件，就能成为一名合格的领队的，满足了以上四个条件，应该说只是具备了迈进领队门槛最基本的条件。

(二)出境旅游领队的基本素质要求

丰富的知识是做好领队工作的前提。在旅游者眼中，领队应该是无所不知的"万事通"，领队工作是知识密集型的、高智能的服务工作，同时领队的工作又是非常复杂的。常规的工作包括协助游客办理出入境手续，协调游客"食住行游购娱"等各项内容，这些工作内容均要求领队必须具备一定的知识和职业能力。

1. 知识结构

出境旅游领队的专业性在很大程度上取决于领队人员的知识结构。整体而言，领队职业所需的知识体系包括以下几方面。

(1) 基本文化知识素养。如本国及客源国历史地理文化自然知识、生态常识和政治经济社会文化知识等。

(2) 专业知识。如旅游者心理和行为学知识、人际沟通和跨文化沟通知识、公关协调知识、旅游中的护理和急救知识。

(3) 业务知识。如带团技巧、导游讲解技巧、组织协调技巧等。

(4) 跨专业知识。如园林、科普、专项文化、多语种。随着旅游业的高速发展和人们旅游方式的改变，拥有跨专业知识的领队越来越受到高端旅游团体的青睐。

2. 能力指标

职业能力可以定义为人们成功地从事某一特定职业活动所必备的一系列稳定能力特征和素质的总和，包括职业品质、职业知识和职业技能。表 1-1 以职业品质、职业知识和职业技能为核心类属，构建了出境领队人才的职业能力指标体系。

表 1-1 领队人才的职业能力指标体系

一级指标	二级指标	含 义
职业品质	爱国主义意识	热爱自己的祖国，要自觉维护国家的利益和民族的尊严
	爱岗敬业	热爱导游行业
		能严格遵守国家和公司的规章制度
		有良好的职业道德和职业使命感
		有较强的责任感和服务意识
	身体素质	良好的仪容仪表
		强健的体魄
	心理素质	能够在压力较大的情况下保持良好的工作状态
		容易适应不断变化的环境和客观条件
职业知识	领队业务知识	熟悉出入境工作流程
		能熟练地帮助游客填写出入境卡
	法律法规知识	了解目的地国的旅游政策、海关规定等
	目的地国家知识	了解目的地国的主要景区景点知识
		能协调游客的食住行游购娱等各项内容
		了解目的地国的历史、文化、民俗等知识
职业技能	线路规划与设计	能对国外的旅游线路进行优化
	英语应用能力	能用英语和外国人面对面交谈，进行简单的社会交往
	跨文化交际能力	能阅读与日常生活和商旅有关的英文公示语、英语资讯、英文报纸、英文资料等
		能克服文化差异，运用合适的交际策略解决问题，实现交际目标
	人际交往能力	善于与人沟通交流
	应变能力	处事不惊、反应迅速、行事果断
		有团队精神，善于团结合作
		有良好的组织协调能力

以上知识结构和能力指标，是成为一名优秀领队所必须具备的基本素质。只有按照这些素质要求来考核领队，才可以从根本上保证领队的高素质和高水平。

三、领队资格证的获取

没有领队资质能否带出境团？

春节期间，某旅行社出境游生意暴涨，尤其是赴港澳旅游团激增，可领队人员缺失。旅行社为防止团队业务的流失，决定起用多次跟团来往港澳地区旅游、办事利索但暂无导游证的小张。小张一直从事旅行社计调工作，很是羡慕平常出入境外的领队工作环境，自己也很想挑战一下领队工作。请问，小张能否担任此次赴港澳旅游的领队？

【案例解析】不能。我国文化和旅游部明确规定，没有考取领队证的导游人员不得从事出境旅游领队业务。领队工作既是一项知识密集型、高智能服务的工作，也是一项复杂、灵活多变的工作。这些都对领队提出了更高的要求，除了要有丰富的知识储备、熟悉常规业务，还要能应变各种突发事件。因此，领队必须持证上岗，遵循行业规范，规范作业意识。

领队上岗需要持有效证件，这是世界上许多地方对职业领队的一种普遍规定。领队持证上岗对游客的利益是一种保护，对旅行社的利益也是一种保护。我国文化和旅游部制定的《出境旅游领队人员管理办法》明确规定："未取得领队证的人员，不得从事出境旅游领队业务。"我国出境旅游初始阶段，政府部门就确定了领队需要持有资格证书的办法。在1996年颁布的《旅行社管理条例》（以下简称《条例》）第二十五条中规定，旅行社为接待旅游者聘用的导游和为组织旅游者出境旅游聘用的领队，应当持有省、自治区、直辖市以上人民政府旅游行政管理部门颁发的资格证书。不过，当时《条例》并没有出台关于考取领队证的细化条款，导致各省/区/市领队人员的准入缺乏统一标准。自2002年7月1日起施行的《中国公民出国旅游管理办法》更进一步对领队取得领队证的程序进行了明确，指出领队证的取得，必须经过旅游行政管理部门考核合格。《中国公民出国旅游管理办法》第十条规定："组团社应当为旅游团队安排专职领队。领队应当经省、自治区、直辖市旅游行政部门考核合格，取得领队证。"

直到2013年《旅游法》出台后，领队证的申领条件才被严格地确定下来，其中首次明确申请领队资格的人员必须具备导游证。"这一规定当时也造成了业界对领队证认识上的混乱，例如符合条件的导游是不是只要申请就可以取得领队证，不再需要考试？领队证要怎么申请，向谁申请？"李广指出，由于《旅游法》针对上述问题没有给出明确答案，因此在其出台的这3年时间里，各省/区/市对领队证的申领、发放"各自为政"：有的地方是行政管理部门组织考试核发，有的是旅行社核发并向行政管理部门备案，也有的是由旅行社自行核发。

新修订的《旅游法》取消了"领队资格"行政许可，2016年11月7日，第十二届全国人民代表大会常务委员会第二十四次会议通过《全国人民代表大会常务委员会关于修改〈中华人民共和国对外贸易法〉等十二部法律的决定》,就取消"领队证核发"许可对《旅游法》中的相关规定作了修改。2017年3月1日中华人民共和国国务院令第676号修改公布的《旅行社条例》以及2016年12月12日中华人民共和国国家旅游局令第42号修改公布的《旅行社条例实施细则》进一步明确领队管理由资格准入制改为备案管理制,旅游主管部门不再对领队从业进行行政审批。

自此,我国沿用多年的领队证正式退出历史舞台,为保证领队职责实施到位,对领队作了以下规定。

1. 关于领队人员学历、语言能力、从业经历条件的认定

(1) 大专以上学历。包括普通高校、成考、自考及国家承认的其他形式的具有大专及以上的同等学力。

(2) 语言能力。符合下列情形之一:①通过外语语种导游资格考试;②取得国家级发证机构颁发的或国际认证的、出境旅游目的地国家(地区)对应语种语言水平测试的相应等级证书。

(3) 从业经历。符合下列情形之一:①两年以上旅行社业务经营经历;②两年以上旅行社管理经历;③两年以上导游从业经历。

2. 关于边境旅游领队、赴台旅游领队的条件

(1) 边境旅游领队。从事边境旅游领队业务的人员,应取得导游证,并与委派其从事领队业务的、取得边境旅游业务经营许可的旅行社订立劳动合同,学历、语言、从业经历等条件由边境地区省、自治区结合本地实际另行规定。

(2) 赴台旅游领队。从事大陆居民赴我国台湾地区旅游领队业务的人员,应符合《大陆居民赴台湾地区旅游管理办法》规定的要求,暂不实施在线备案。

3. 关于领队备案、取消备案流程

(1) 与出境社、边境社签订劳动合同并通过"全国旅游监管服务平台"完成换发电子导游证的导游,登录自己的平台账号上传本人的学历证书、语言等级证书及劳动合同的扫描件。

(2) 出境社、边境社登录"全国旅游监管服务平台"使用"领队备案管理"功能,将符合条件的导游备案为领队。

(3) 出境社、边境社取消领队备案的,可登录"全国旅游监管服务平台"使用"取消备案"功能取消领队备案。

领队应当对其填报、提供的学历、语言能力、从业经历等材料的真实性负责,旅行社应当严格审核领队填报、提供的有关材料。不具备领队资质条件的人员隐瞒有关情况或者提供虚假材料取得领队备案、从事领队业务的,由旅游主管部门对领队依照不具备领队条件从业、对旅行社依照委派不具备条件的领队的有关规定予以处理。

【知识拓展】

如何申请出境领队资质？

一、出境领队不是外语导游

首先说一下外语导游，外语导游指的是接待一个外国团队在国内旅游的导游人员，他需要持有相应的外语导游证(见图1-1)，即在普通中文导游证的基础上加试一门外语面试，常见的如英语、韩语、日语等。考外语导游证与普通中文导游证一样，你只要外语好，就可以去考。

如何报考外语导游呢？

(1) 若你是首次参加导游资格考试，在报考的时候选择相应的语种就可以了。

(2) 若你已经取得导游资格证，那么在下次报考的时候加试一门外语现场面试就可以了。

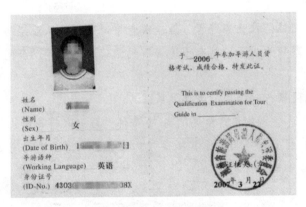

图1-1　英语导游资格证

然后再说一下领队吧，所谓领队，也叫出境领队或者国际领队，顾名思义，指的就是带领一个国内团队到国外旅游的全程陪同人员，相当于出境版的全陪导游，只不过全陪导游是带团从国内甲地到国内乙地，而领队是带团从国内甲地到国外乙地。

有一点需要提一下，很多人以为领队要世界各地到处走，需要精通多国语言，其实不然。作为领队，你的主要任务是全程陪同，并不涉及目的地的讲解导游服务，因为基本上每个出境目的地都会有当地中文导游服务人员，除非你有能力做领兼地，也就是领队兼地接导游，两者一起做，这种属于水平比较高的。当然，掌握一定的英语口语水平还是必需的。

领队是带国内的团到国外旅游，外语导游则是接待国外游客在国内旅游。

二、关于导游人员从事领队业务问题

1."领队"历史变革。

"领队"一词最早出现在1996年颁布的《旅行社管理条例》第二十五条。当时《旅行社管理条例》并没有出台关于考取领队证的细化条款,导致各省/区/市领队人员的准入缺乏统一标准。例如江苏、湖南等地规定,考取领队证必须具有导游资格;而北京市则采取导游、领队双轨制,即导游、领队分别考试,分别发证,双方互不为前提。

2016年12月,国家旅游局对《旅行社条例实施细则》进行适应性修改,按照《旅游法》的修订精神,取消领队资格审批,也就是取消领队证考试。

领队实行备案管理制,旅游主管部门不再对领队从业予以行政审批,进一步明确了导游人员从事领队业务的条件。

2. 申请出境领队资质需要什么条件?

申请条件共计6条,如下所示。

(1) 拥有有效导游证。

(2) 大专及以上学历。

(3) 取得相关语言水平测试等级证书或通过外语语种导游资格考试,但为赴港澳台地区旅游委派的领队除外。

(4) 具有两年以上旅行社业务经营、管理或者导游等相关从业经历。

(5) 与委派其从事领队业务的具有出境资质的旅行社订立劳动合同,且3年内无违规行为和投诉记录。

(6) 具有完全的民事行动能力,身体健康。

从事领队业务,总结起来共需要满足3个条件:应当取得导游证,具有相应的学历、语言能力和旅游从业经历,并与委派其从事领队业务的取得出境旅游业务经营许可的旅行社订立劳动合同。

解读:

■ 一、关于领队人员学历、语言能力、从业经历条件的认定(见表1-2、表1-3)

表1-2 领队人员大专及以上学历要求的细化标准

类 别	内 容	学习形式
普通高校	参与国家统一招生计划的全日制大学、学院、高等职业技术学院/职业学院、高等专科学校、研究院(所)等	全日制
成人高等学校招生统一考试(成人高考)	开放大学、广播电视大学、职工高等学校、职业技术学院、管理干部学院、教育学院和普通高校成(继)教院等	脱产、业余和函授
高等教育自学考试(自考)	开设自考专业的高校	个人自学、社会助学和国家考试相结合
其他形式	部队院校、党校、具有网络远程教育资格的高校、国(境)外等其他经教育部认证的高校	以上均有

表 1-3　领队人员语言能力等级认定最低要求的细化标准

语　种	考试类型	等　级
英语	全国大学英语四、六级考试(CET)	四级证书或四级成绩 425 分
	全国英语等级考试(PETS)	3 级
	高等学校英语应用能力考试(PRETCO)	A 级考试合格
	托业考试(TOEIC)	获得"A 类"证书且听力阅读成绩 730 分，口语写作成绩 270 分
	托福(TOEFL)	45 分
	雅思(IELTS)	5 分
	剑桥商务英语(BEC)	初级
	剑桥通用英语	中级英语水平认证
	美国研究生入学考试(GRE)	300 分+3.0 分
	经企管理研究生入学考试(GMAT)	550 分
日语	大学日语四级(CJT4)	二级
	全国外语水平考试(WSK)NNS	成绩合格证书
	商务日语能力考试(BJT)	J3 级
	日本语能力测试(JLPT)	N3 级
韩语	韩国语能力考试(TOPIK)	中级
俄语	大学俄语四级考试	4 级
	全国外语水平考试(WSK)	成绩合格证书
	俄罗斯联邦对外俄语等级考试	1 级
德语	大学德语四级考试	成绩合格
	全国外语水平考试(WSK)NTD	成绩合格证书
	德福(TestDaF)	3 级
法语	大学法语四级考试	成绩合格
	全国外语水平考试(WSK)TNF	成绩合格
	法语考试 DELF 和 DALF	DELF B2
葡萄牙语	巴西葡萄牙语考试 (Celpe-Bras)	中级
	葡萄牙语等级考试(CAPLE 测试)	中级(一)
	由米尼奥大学在爱语网设立的在线葡萄牙语等级考试	B2
阿拉伯语	专业四级	成绩合格
西班牙语	全国高校西班牙语专业等级考试(四级、八级)	专业四级成绩合格
	全国二级、三级翻译专业资格(水平)考试(西班牙语)	三级
	对外西班牙语水平证书考试(DELE)	中级

续表

语　种	考试类型	等　级
意大利语	意大利语水平测试(PLIDA)	B1
	CELI	3级
	CILS	2级
	IT	考试合格
越南语		本科毕业
泰语	泰语水平考试(CUTFL)"朱拉隆功大学泰语作为外语能力测试"	中级

(1) 大专以上学历。

(2) 语言能力。

语言能力符合下列情形之一。

① 通过外语语种导游资格考试。

② 取得国家级发证机构颁发的或国际认证的、出境旅游目的地国家(地区)对应语种语言水平测试的相应等级证书。

(3) 从业经历。

拥有有效导游证，并符合下列情形之一。

① 两年以上旅行社业务经营经历。

② 两年以上旅行社管理经历。

③ 两年以上导游从业经历。

(4) 领队人员从业经历要求的细化标准(见表1-4)。

表1-4　领队人员从业经历要求的细化标准

类　别	内　容	岗位列举
业务经营经历	招徕、接待	招徕(咨询、销售)
	组织	产品(设计、创意、计调、外联)；业务支持(资源采购、领队管理)
管理经历	旅行社相关管理经历	人力、质检、服务等职能部门
导游经历	取得导游证，具有一定的导游经历	专职导游；兼职导游

■ 二、关于边境旅游领队、赴台旅游领队的从业条件

(1) 边境旅游领队。

从事边境旅游领队业务的人员，应取得导游证，并与委派其从事领队业务的、取得边境旅游业务经营许可的旅行社订立劳动合同，学历、语言、从业经历等条件由边境地区省、自治区结合本地实际另行规定。

(2) 赴台旅游领队。

从事大陆居民赴台湾地区旅游领队业务的人员，应符合《大陆居民赴台湾地区旅游管理办法》规定的要求，暂不实施在线备案。

■ 三、关于领队备案、取消备案流程

(1) 与出境社、边境社签订劳动合同并通过"全国旅游监管服务平台"下的"导游之家"(https://tourguide.mr.mct.gov.cn/unauthorized/login)完成换发电子导游证的导游，登录自己的平台账号上传本人的学历证书、语言等级证书及劳动合同的扫描件。

(2) 出境社、边境社登录"全国旅游监管服务平台"使用"领队备案管理"功能，将符合条件的导游备案为领队。

(3) 出境社、边境社取消领队备案的，可登录"全国旅游监管服务平台"使用"取消备案"功能取消领队备案。

领队应当对其填报、提供的学历、语言能力、从业经历等材料的真实性负责。旅行社应当严格审核领队填报、提供的有关材料。不具备领队条件的人员隐瞒有关情况或者提供虚假材料取得领队备案、从事领队业务的，由旅游主管部门对领队依照不具备领队条件从业、对旅行社依照委派不具备条件的领队的有关规定予以处理。

■ 四、关于原有领队备案事宜

根据《立法法》第九十三条和《行政许可法》第八条的规定，2013 年 10 月 1 日《旅游法》施行前已取得领队证(被依法吊销的除外)，且于 2017 年 10 月 1 日前持有导游证的人员，可按照《旅游法》施行前对领队学历、语言、从业经历等的有关规定，在"全国旅游监管服务平台"上备案后，继续从事领队业务。

如何申请领队

需要与出境社、边境社签订劳动合同并通过"全国旅游监管服务平台"下的"导游之家"(https://tourguide.mr.mct.gov.cn/unauthorized/login)完成换发电子导游证[关于如何申请换发"电子导游证"，请向导游之家公众号(daoyouhome)回复"电子导游证"了解详情]，并上传本人的学历证书、语言等级证书及劳动合同的扫描件到该平台上。(备注：领队需要做的)

出境社、边境社登录"全国旅游监管服务平台"使用"领队备案管理"功能，将符合条件的导游备案为领队。(备注：出境社需要做的)

值得注意的是，领队应当对其填报、提供的学历、语言能力、从业经历等材料的真实性负责，旅行社应当严格审核领队填报、提供的有关材料。不具备领队条件的人员隐瞒有关情况或者提供虚假材料取得领队备案、从事领队业务的，由旅游主管部门对领队依照不具备领队条件从业、对旅行社依照委派不具备条件的领队的有关规定予以处理。(备注：领队、出境社需要做的)

工作任务二　出境旅游与领队队伍的发展

思政案例导入

一位女领队的青春之歌
——记全国旅游系统劳动模范、杭州市中国旅行社蔡玮伟

2004年12月26日，蔡玮伟带领一支由26名杭州游客组成的旅行团赴泰国普吉岛游览，并乘坐当地时间上午8:30的班船前往PP岛。身为旅行团领队的蔡玮伟跟大家一样沉醉在碧绿的海洋中，只是她的心头多了一份"保护游客安全"的神圣责任。

11时左右，旅行团到达PP岛码头后，大家立刻被如诗如画的海岛风光迷住了，纷纷拿出照相机和DV狂拍起来。这时细心的小蔡突然发现海岸边的水正在迅速地后退，导致码头的船只都搁浅了，这种现象以前从来没有发生过，这立即引起了她的警觉。因为十几分钟前当地一位导游给她打电话说临近的珊瑚岛发生了地震，不到五分钟，她又看见远处的海水在快速地往回涨。她马上预感到了眼前的危险，便大声地对所有团友喊："大家赶快往酒店方向跑！有危险！"但是客人们根本没有意识到危险即将到来。她用尽全身力气、声嘶力竭地对着客人们大喊："海水涨来了，大家快往楼上跑，大家快往楼上跑！"游客们定睛一看，才明白事态的严重性，分别向酒店的主、副两楼狂奔。而小蔡当时并不知道，就在她们跑进酒店大门的瞬间，酒店的后面正有一股巨浪向几栋楼席卷而来，若是再迟上几十秒钟，后果将不堪设想……小蔡在楼梯上加劲催促团友们"快上楼！快上楼！"，同时还用英语大喊了一声："海水来了，快上楼！"就在这时，海水破门而入。不少外国游客因为迟了一步，被冲倒在了海水中……

小蔡爬上三楼，立即清点人数：只有14位。另外12位上哪去了？在简单安顿好14名游客后，她立即挨个房间去寻找……她找遍三楼又涉水到二楼，都没发现人。最后才发现有8位客人慌乱中跑到副楼上去了，小蔡马上设法把他们接到主楼和14位客人会合。但是，还有4个人呢？这时的潮水已经慢慢退了下去，但是4位团友的失踪仍让小蔡心急如焚。于是她让所有的客人在阳台上一起大声呼喊4个失踪者的名字。喊了很久，终于从另外一幢副楼的平台上传来了回应声。

过道里海浪卷来的器物已经堆积如山，到达阳台后，现场的一幕让小蔡大吃一惊：一名女团友躺在地上，手臂上有个很大的伤口，骨头都露出来了，鲜血直流，身边有很多呕吐物；另一位男团友左脚背上的肉全被玻璃碎片削掉了。这时的小蔡已经根本顾不上脏和乱，运用导游领队培训中所学到的急救知识，用酒店里的毛巾给她包扎，压迫血管替她止血。就在紧急处理伤口的过程中，又听到有人大喊："第二波潮水又逼近了！"她们只能扶起伤员，以最快的速度通过平台上临时用桌子、椅子搭起的楼梯向楼顶上爬去。小蔡在处理好自己团员的伤势后，不顾自己疲惫的身体，主动帮助几个落单的外国游客包扎伤口，

还把自己背包里仅剩的小半瓶矿泉水一口一口地喂给了一名素不相识但是重伤急需补水的欧洲旅客。3个小时后,有人通知说由于海浪冲击,这幢大楼的瓦斯容器破裂并泄漏,让所有在场的人马上撤离到刚才副楼的平台上。为了减轻移动过程中伤员的痛楚,小蔡灵机一动,带着几个小伙子拆下门板抬上2名伤员,冒着浓烈的瓦斯气味以最快的速度撤离现场。但到达集结地后,只有一艘救生艇,工作人员只同意把受伤较重的女游客与其他重伤员一起先运出去救治。当有消息说,晚上可能还会有30多米高的巨浪来袭时,为了安全,小蔡与团友们商量后决定爬上酒店背后的小山上去过一夜。小蔡临时组织了几个人,从客房里找来了一些毛毯、点心和矿泉水,让大家分别带上以御寒充饥。她还和团里的几个小伙子乘着空隙和当地人一起砍了些树木,还向同在一个坡上避险的一名华侨借了个锅,生起火,煮了点水,把全团唯一一包方便面给泡了,大家谦让着你一口我一口,这样温暖地传递着,谁也不肯多吃一口。27日清晨,小蔡带领的24名团员顺利地搭上了第一艘救生船,2个小时后又顺利地抵达普吉岛码头,并在酒店与另两名失踪一昼夜的团友会合。在国家旅游局和中国驻泰国大使馆的努力下,28日凌晨他们又搭乘东航班机,于当地时间2:40飞离普吉岛,北京时间上午7:50顺利到达上海浦东国际机场,全团一个不落地回到了祖国的怀抱。此时,迎接他们的,是祖国人民关切的慰问和耀眼的鲜花……

请同学们思考:领队在带团过程中的工作职责有哪些?

【案例解析】领队是"从事领队业务"的人员,领队业务的实质,是要将游客从旅行社柜台上购买的出境旅游线路产品,从旅行社的一纸承诺、一件半成品、期货产品变成游客可以触摸到、品尝到、观察到的实实在在的东西。领队业务具体体现在领队需要接触到的每一个工作环节。

从以上可以看出,领队的工作是一项知识密集型、高强度、高智能的工作。面对复杂和多变的环境,领队要有良好的心理素质和专业技能训练,要具备独当一面的智慧和匠心精神。

本任务将带领大家了解出境游和领队的现状与发展,认识出境领队的作用。

任务目标

2016年11月7日,第十二届全国人民代表大会常务委员会第二十四次会议通过了修改《中华人民共和国旅游法》的决定。《中华人民共和国旅游法》全文不再出现"领队证"三个字。这也意味着,我国实施了近十年的领队证审批正式被取消。领队证从此正式退出我国旅游行业的历史舞台。这是否意味着我国出境旅游领队人员数量已经达到饱和?领队在出境游环节中的作用发生变更?

任务实施

请每个小组将任务实施的步骤和结果填写到活页的任务单1-2中。

任务评价考核点

(1) 了解出境游与领队的现状与发展。
(2) 知晓出境领队的作用。

任务指导

一、出境游的发展

随着我国出境旅游市场的继续升温，出境旅游再次呈现"井喷"现象。根据文化和旅游部公布的 2018 年出境旅游市场基本情况以及中国旅游研究院、携程旅游大数据联合实验室联合发布的《2018 年中国游客出境游大数据报告》，2018 年中国公民出境旅游人数 14 972 万人次，比上年同期增长了 14.7%。中国出境旅游热进一步升温，稳居世界出境旅游第一位。

1. 出境旅游市场的潜力巨大

中国旅游研究院院长戴斌认为，从 2008 年到 2018 年，中国出境游市场持续保持两位数，甚至 20%以上的增长，成为全球最大的出境旅游客源国和旅游消费支出国。出境旅游已经从少数人的享受进入了大众的日常生活。不只是美丽的风景，而且美好生活和时尚感正在引领旅游的未来；定制旅游将进入市场成熟期，个性化的需求会进一步凸显。对于 2019 年这一个时期的中国出境旅游市场，总的看法是：两位数增长的市场繁荣可期，商业模式重构和产业格局重组可待。

携程出境游研究专家表示，2018 年，我国出境旅游进入了"消费升级"的阶段，旅游者增加支出购买更优质的旅游产品，从观光旅游转向深度体验/享受海外目的地生活环境和服务。2018 年中国继续蝉联全球最大出境游客源国，而且也有望继续保持泰国、日本、中国香港、中国澳门、中国台湾、越南、新加坡、印尼、俄罗斯、柬埔寨、澳大利亚、菲律宾等国家及地区的第一大入境旅游客源地的地位。

国家移民管理局提供的数据显示，2002 年到 2017 年，中国公民普通护照签发量达 1.73 亿本，年均签发 1080 万本。持有护照的人口超过总人口的 10%。然而，除去前往港澳台的内地游客外，2018 年约有 7125 万人次去海外国家旅游，这意味着每 100 个内地居民中，只有不到 5 个出国旅游，海外旅游市场的潜力依然很大。

2. 出境游收入增速

文化和旅游部数据显示，2018 年境外消费达 1200 亿美元，人均单次境外旅游消费达到约 800 美元(约 5400 元人民币)，旅游业不仅正在成为拉动中国经济增长不可忽视的重要力量，也为全球经济增长注入了新的活力。携程出境游数据显示，2018 年通过携程旅游平台报名出境跟团游、自由行、定制游的人均花费为 5500 元，与 2017 年同期近乎持平。随着居民收入的平稳增长，消费能力逐渐提高，居民愿意花费更多成本在高品质的出游上。

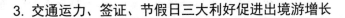

3. 交通运力、签证、节假日三大利好促进出境游增长

2018 年，居民对服务消费需求持续旺盛。随着旅游市场消费环境的日趋改善和旅游产品多样性的不断提高，旅游市场持续升温。在收入增长和旅游消费升级推动，以及签证、航班等便利因素的影响下，我国出境旅游热度持续攀升。特别是二、三线城市新增了大量国际航线和签证服务中心，出国越来越方便。随着"一带一路"倡议的不断推进，我国公民出境旅游目的地国家不断增加。数据显示，2018 年，有来自 200 多个国内主要城市的数百万旅游者，预订携程跟团游、自由行、定制游、邮轮、当地向导、当地玩乐等度假产品与业务，到达全球 157 个旅游目的地国家。我国大型旅游公司(比如携程等)也在日本、新加坡、美国、欧洲等地布局投资，以服务中国游客。携程旅游 2018 年预订数据显示，通过携程旅游平台在春节、五一、端午、国庆等节日期间报名出境跟团游、自由行、定制游、私家团、当地玩乐等产品的游客同比 2017 年增长超四成。

4. 生活方式体验成为主旋律

中国游客已经不再以"买买买"为主了，而是开始享受旅行，心态发生了很大变化。对于中国高端消费人群来说，旅行的趋势也是这个节奏，他们要全方位地体验当地的美食、酒店、景点和人文特色。据财富品质研究院调研，60% 的中国游客出国是为了更好地休闲度假与体验生活。中国正进入大旅游消费时代——由观光旅游向生活方式过渡。出境旅游者更加注重享受的休闲度假式旅游和展现个性特色的生态健康、民风民俗等特色旅游。对于那些以见世面、感受不一样的生活为目的而参加旅游活动的消费者，他们不是单纯通过游览自然景观或历史文物得到满足感，更多的是追求一种美的享受。所以现在及将来的出境旅游都会更加注重感触式旅游，也就是旅游要给游客带来和本身生活体验不同的感官享受。

5. 高端定制游逐渐受欢迎

目前，传统旅游方式已经跟不上时代的发展步伐，无法满足人们日益增长的个性化旅游消费需求。新兴的定制旅游则将主动权归还消费者，根据消费者需求和喜好定制旅游行程路线和旅游六要素，提供定制化、差异化、个性化旅游服务，顺应了市场发展趋势和潮流，已经成为市场新宠。智慧旅游具有智能化、个性化的特点，游客在旅游活动中自主性较强，食宿、交通、游览、购物等原来需要依靠旅行社统一安排的环节，现在游客都可以利用智能设备按照自己的意愿进行自由选择。如今，年轻游客已经成为我国旅游市场的主力军，他们的消费需求越来越多样化、个性化，对旅游目的地的住宿、餐饮、娱乐等消费越来越要求个性化。尤其是随着自驾游、自助游的兴起，传统的导游服务需求将逐渐减少，新兴的旅游定制服务和旅游顾问服务需求将不断增加。但同时我们也应该看到，中国游客群体在海外休闲、旅游以及商务出行期望获得定制服务时也遭遇了诸多瓶颈，包括与旅行社进行行程规划时耗时耗力，专业度比较低，可供选择的高端项目非常有限，行程花费高昂而服务满意度非常低的情况。这些都是目前市面上的旅行社与旅游网站所无法满足的，如何利用互联网更好地提高效率、满足消费需求是可以深度探讨的。未来高端旅游的趋势将是"目的地优质资源产品化+生活方式体验碎片化+预订模式移动终端化+消费与服务多地场景化"。

【知识拓展】

2018年中国公民出境游目的地人气排行榜

2018年中国出境游游客年龄阶段对比

二、领队职业的现状与发展

(一)领队职业的现状

中国的出境旅游以组团出游为主,在出境旅游中扮演着极其重要的桥梁角色的领队数量也日益增加。然而由于我国旅行社的发展速度过快,目前就业的人员构成复杂,就业人员教育水平参差不齐,与海内外游客市场对导游的阅历和知识要求不适应,不利于旅游服务质量的整体提高。与此同时,高水平旅游人才跟不上市场的需求。外语导游比重下降,小语种导游严重不足。导游语种结构不合理,已经成为制约我国海外客源市场发展的重要因素,在一定程度上影响到我国国际旅游市场的竞争力。以下是中国海外领队的一些现状。

1. 出境领队供不应求

目前我国出境领队主要有三大来源。一是我国一些高等院校或者旅游职业院校的学生。他们在学校受过系统教育,基础知识扎实,对于领队的职责、出境的注意事项等方面的内容比较了解。二是一些因为热爱出境旅游,从其他行业转到旅游行业工作的人。他们一般从事过接待工作,部分从国外留学回来。这部分人的外语交流能力比较强,对国外的风俗民情、法律和相关制度都有一定的了解,通过出境领队资格考试后,再参加一些职业培训,很快就能熟悉出境领队人员的业务。三是通过规模较大的出境旅行社的简短培训后,考取导游资格证书的从业人员。这些人员情况比较复杂,学历水平各异,对于出境旅游缺乏系统的认识。由此可以看出,我国出境领队人员的职业水平参差不齐,不能满足日益繁荣的出境旅游市场的需求。

2. 工作高强度

出境领队的工作主要在国外进行,言行举止皆影响着个人和旅行社的形象,更代表着一个国家的发展和文明程度。在每一次带团工作中,领队都要扮演好沟通组团社与地接社之间、游客与导游员之间的桥梁角色,并协助各地导游落实好游客的食住行游购等事宜,做好旅游接待工作,且监督当地接待旅行社执行旅游计划。在旅游活动中经常会出现一些意外状况,所以领队也需要具备较强的应变能力、组织沟通能力及一定程度的安全防范意识,确保在发生意外时能够排除困难,及时协调解决问题,使整个旅游行程能够圆满结束。

3. 收入不稳定

与同行业中的其他岗位相比,领队是一个收入相对较高的职业。但随着出境旅游的快速发展,领队的收入日渐透明化,成为旅游业中一个较敏感的话题。即使同是领队这一职业,其收入也是有高有低,极不稳定。首先,从区域角度出发,领队的收入和其所处的地区有很大关系,如果处在北京、上海、广州等经济较发达的地区,出团次数就会较多,领队收入自然会高一些,而如果处在经济不发达的中西部地区,出团频率比较低的领队收入就会少一些;其次,还需要考虑到出境旅游的淡旺季,在旅游旺季时领队的收入比较高,反之,淡季时收入有时甚至为零;最后,按中国现有旅行社的操作规程来看,领队在出团过程中要遭遇"零团费""人头费"等出团风险,收入极不稳定。

4. 社会地位边缘化

随着我国出境旅游的持续发展,职业领队队伍规模也不断扩大,但是一直没有正式形成统一的自身行业组织。在实际工作中,以个人力量面对来自旅游企业和社会的种种不公,处于弱势的领队常常不得已选择放弃自身权益。缺乏行业组织的保护,领队的基本权益常会受到侵犯,在一定程度上影响其社会地位和社会形象的建立。同时社会上对导游行业的误解,对领队这一职业更多的是负面解读,导致领队的社会地位日渐边缘化。

5. 工作环境复杂

领队的工作在各国各地区进行,各处奔走加大了他们在交通事故、自然灾害方面出现问题的可能性。且目前一些国家在国家政策方面存在一定的不稳定因素,更是加大了领队工作的危险性。但只要领队注意保护自己、保护游客,提高警惕,这些状况是可以避免的。

6. 旅游法律法规尚未健全

领队人员在带团工作过程中拥有哪些权利、在紧急情况下有权采取何种措施,应当是《领队管理办法》中一个必不可少的组成部分。我国旅游法律法规的建设起步较晚,各方面还不够规范完善,而且随着旅游业的发展,各种新情况不断出现,导致现有的法律法规跟不上实际情况的需要。在相关权利中,领队相对来说属于弱势群体,一旦出现问题,领队有可能成为首当其冲的替罪羊。旅游法律法规的不健全不利于领队维护自身的良好形象,也使得领队的工作质量难以得到保证。

(二)领队职业的发展

随着出境旅游的持续发展以及国家法律法规的进一步完善,领队将面临更多新的挑战,也将迎来新的发展机会。

1. 领队专业化水平越来越高,分工越来越细化

智慧旅游时代的海外领队既是旅游达人,也是旅游顾问,需要为旅游者提供更专业化的服务。比如,国外许多景区都有智能讲解设备,实现了自助导览定位和自助导游讲解。为了避免与智慧导游软件讲解内容重复,领队需要做足功课,要深度了解目的地国家的文化知识,要全面熟悉旅游目的地人文、历史、地理、民俗和经济、社会发展情况,这样才能帮助游客解决更多的实际问题,体现领队服务的价值和意义。

2. 领队需要不断更新知识

随着国家宣布开放的旅游目的地不断增多,领队原有的知识已经远远达不到要求。领队要想胜任工作,带领游客到一些新开放的目的地国家(地区)旅游,就必须认真学习,接受旅游行政管理部门组织的集体培训,并在日常生活中努力加强自我培训。

目前我国已经分别与约130个国家(地区)签署了旅游备忘录,与中国公民自费出境旅游最初开放时的几个、十几个国家(地区)相比,领队的工作难度已经大大增加。出境旅游领队只有不断地接受挑战,不断地学习新的目的地国家(地区)的相关知识,才有可能不被时代淘汰。

3. 领队服务工作将更加个性化

随着体验性、休闲性等现代元素的渗入以及各种高端定制游以及私人定制游的出现,领队将面临新的挑战,提供更有针对性的个性化服务。领队要把主动权交给旅游者本人,根据游客的特点、情趣、爱好、闲暇时间及预算情况,为其设计符合其需求的线路,同时提供全程的信息咨询服务,解决出游前和出游中遇到的各种问题。

4. 领队需要专注游客的情感体验

现在,随着物质生产的丰富和生活水平的提升,人们越来越关注情感体验,希望通过旅游来丰富经历、增长见识、体验/享受生活。因此,智慧旅游时代导游人员不仅要根据游客的兴趣爱好做好讲解服务,更要关注游客情感需求,充分利用细节服务和情感服务增强旅游体验。比如,注意客人的言谈举止,学会察言观色,懂得客人的心理需求,让服务富有人情味,丰富旅游情感体验。利用QQ、微信、微博等媒介工具分享旅游过程中的奇闻趣事,与客人进行深入交流沟通和互动,互粉、互发观点,拉近与游客的心理距离,建立良好的情谊关系,从而为游客塑造更难忘的旅游体验和生活经历。

三、领队在整个出境旅游环节中的作用

出境旅游领队在整个出境旅游环节中起到了不可替代的重要作用。对于旅行社来说，领队是完成出境旅游整体运作中的重要一环；对于游客来说，领队也是游客在整个旅程中的心理依赖而不可缺少。

(一)领队作为组团旅行社的全权代表，肩负着多项使命

1. 领队身上寄托着组团旅行社的信任和期望

领队接受的是企业的委派，则派出领队的行为自然是一种企业行为。作为企业的派出代表，领队是企业形象的展示与塑造，因而在带团过程中，领队应该将企业的荣誉时刻放在心上。领队被旅行社选中作为企业的代表、受组团旅行社的委派带领游客游走世界，表明旅行社对领队的高度信任，带团当中的每一位领队实际上都担负着旅游企业的重托和期望。

2. 领队代表组团旅行社督促境外接待旅行社和导游人员执行旅游计划

领队与境外旅行社或导游之间在进行工作商讨时，身份自然就是中国组团旅行社的代表。经境外接待旅行社确认、发给中国国内组团社的团队行程计划表，就是一项有法律效力的业务契约。境外旅行社或导游绝不能随意变更，如果需要变更，必须经中国组团旅行社代表(即领队)的认可同意。

3. 领队代表组团旅行社的利益，保证旅游合同有效实施

领队作为组团旅行社的代表，对组团旅行社与游客之间的合同契约的照章履行，担负着法定的保证责任。但领队对旅行社与游客签署的旅游合同持有解释权、执行权和监督执行权，而没有自行变更权。即整个游程中，游客对旅游合同的实施提出异议，都应该由领队负责说明。而旅游合同上任何一项的改变，领队都应代表旅行社与合同另一方的游客商议，待游客同意认可后方可实施。

(二)领队是游客在整个旅程中不可缺少的心理依赖

游客在出境旅行社选择报名参加团队旅游形式的线路产品的时候，"领队服务"是其中的要件构成之一。游客之所以会选择有"领队服务"的团队旅游，是因为对领队有所依赖。如果从出境旅游的主体参加者——游客的角度来考量并分析出境旅游领队的作用，对领队的职能与作用就会有一个更深入的认识。

1. 出国在外领队是游客的主要依靠

(1) 领队可以为游客提供熟悉异域环境、语言沟通等方面的帮助。

由于中国的出境旅游开展时间较短，中国游客对国外的了解普遍不多。许多游客虽然

进行了大量的知识储备，但仍缺乏独立看世界的能力和勇气，因而需要领队的帮助。出境旅游领队因为受过专业的培训，又有充分的旅行经验，对异国他乡的历史、环境、人文的掌握和了解，完全可以使游客享受到旅游的愉悦。再加上中国游客的外语水平总体不太高，尤其是到非英语国家旅游，所遇到的语言障碍更加明显，因而会影响到旅游的顺畅进行。旅游团的领队在语言翻译上对游客提供的帮助，可以使游客更好地了解世界，与当地人进行交流。

(2) 领队能够维持游客间的和睦团结。

游客之间的团结，对于旅游团的顺利开展十分重要。领队作为团队的核心，需要十分注意维护并保持团队平和舒畅的良好氛围。团队在境外旅游期间，游客之间因为各种原因发生矛盾在所难免。在这时候，需要领队充当和事佬的角色，努力协调化解游客之间的矛盾。切忌对游客发生的矛盾不闻不问，任游客争吵一团。因为这样会影响到其他游客的旅游体验，不仅会让全团人情绪低落，也会影响到中国游客的国际形象。另外，领队在进行劝解时，也要注意掌握好分寸，不能偏袒任何一方。

2. 领队能在特殊事件发生时充当保护角色

许多经常参加出境旅游的游客，会对出境旅游的各项程序非常熟悉，办理登机手续、出入境手续、了解注意事项、每日参加游览活动等已完全掌握，在平静顺畅的旅游进程当中，也许不太能体会到领队的作用。但游客若遭遇特殊事件，如地震、海啸、暴雨、狂风等自然灾难或暴乱、交通事故等人祸时，领队良好的心理素质和专业技能训练能让游客减少伤害，甚至避免伤害。领队在出团前一般都经过严格的专业训练，学习过各种紧急救护知识，因而在特殊事件突然来临的时候，能保护游客，最大程度地降低各种天灾人祸对游客的伤害。

(三)领队在旅行社业务拓展方面的特殊作用

领队作为出境旅行社不可或缺的一员，所能起到的作用是多方面的。

1. 领队的服务可以起到比广告更好的招徕作用

出境游客再度出游的可能性很高，通过领队把更多的旅游线路产品向正在参加出境旅游的游客进行传达，可以取得更好的销售效果。领队在整个旅程当中，可以有充分的机会、充分的时间向游客介绍新的线路、新的产品，将旅行社的"全员促销"战略进行重点实施。

游客参加某家旅行社的出境旅游，在某种意义上，包含有"亲身体验"的试验因素。旅行社的服务好与不好，游客都会作出自己的主观评判。领队的优质服务为旅行社赢得的良好口碑，能通过游客之口，在广泛的区域传播，效力远胜于旅行社本身所做的各种平面广告；而领队的恶劣服务，不仅会让游客对领队本人产生怨恨，而且会使旅行社的企业声誉受到严重挫伤，造成恶劣的广告效应。游客通过领队对某旅行社留下良好印象后，会对旅游充满美好、欢娱的想象，会潜移默化地影响他今后很长一段时间对旅行社的排他性遴选。

2. 领队对于旅游产品的设计、销售环节意义重大

领队在旅行社的整体中，并非一个机械执行接待计划的角色，事实上，他还应担负并扮演着产品推销员和市场信息调查员等多种角色。旅行社的线路产品是否适用，必须经过实践才能知道。领队是旅行社派出的对产品的实验员，其写出的《领队日志》及总结报告，也可以看作是对旅行社产品的试验报告。

领队带团归来后带回来的游客反映，可以说是产品的市场满意度测试的第一手资料。从亲身感受出发，领队提出的对线路产品改进的一些合理化建议，更是促进旅行社的产品趋于成熟和完美的重要因素。

有些时候，领队所带回来的信息，未必就一定是限制在自己所带领的团队。因为参团游客对出国旅游的兴致，并不会仅仅局限在目前所走的一条线路上。虽然这次参加的是东南亚旅游，但下次就会去参加欧洲旅游或澳大利亚旅游。他们对欧洲游或澳大利亚游的憧憬和希望，在向领队咨询的同时，也会流露出来。这些有用的信息，领队都应当作为信息来收集，带回旅行社，为旅行社产品的丰富和合理提供有效的参数。

领队服务于一家旅行社，并不能仅仅局限在对这家旅行社的外在形象的认知，也应当对旅行社所经销的旅游线路产品有较好的了解，尤其是对当前市场中游客追逐的热点旅游线路更应该重点了解。对此，旅行社在对领队培训时，要增加这方面的内容。作为领队本身，也应该有主动为旅行社介绍、推销线路产品、培养回头客的意识。

(四)领队是文明的旗帜

由于地域差异和生活习惯的不同，出境游中一些游客不文明行为经常发生。比如：旅客不讲秩序，喜欢"抢"，坐电梯抢、购物抢、吃饭抢……虽然游客这些行为可能源于长期以来的不良习惯，短时间内很难改正，但作为专业领队，应该从自己的工作角度出发，给旅客作出榜样，引导他们往文明的方向改进，更好地融入国外的旅游环境中去。

"其实，大多数不文明行为是因为游客不知情、不了解造成的，所以应该多告知、多提醒。比如途中提醒客人公共场所不能抽烟、不能随地吐痰、不能大声喧哗，就可以有效地减少不文明行为的出现。"王羽说，有很多国内游客对国外的生活习俗疏于了解，作为领队，除了在做好提前介绍和说明工作之外，更应该用鲜活的例子去引导他们、感染他们，这种方式要比强硬的说教和"硬性"规定更容易让游客接受，也更容易让他们把好的习惯带回国内，感染更多的人。

领队不应该只认为自己是个带队的、指路的、协助旅客出入关的，如果说游客是反映国家国民素质的镜子，那领队就应该是一面旗帜。领队应该从各方面严格要求自己，通过自身的文明行为去影响游客、感染游客，这比一切生硬的说教更能令游客信服。

项 目 小 结

本项目的学习主要是让学生了解出境旅游领队岗位，了解领队岗位工作内容和岗位职责，了解领队资格的准入条件，让学生对领队工作有个初步的认识，为接下来的学习和工作打下坚实的基础。

思考与能力训练

一、简答题

1. 请简要说明出境旅游领队岗位的职业能力。
2. 谈谈你对出境旅游领队岗位的认识，审视自己能不能做好领队工作。

二、实训题

分组：将班级分为 5 个组，6 人为一组，选出组长，以小组为单位，每个组建立一个微信群，整个班级建立一个大群。每组选定一条出境旅游黄金旅游线路，各小组按照课程整体设计完成所选线路的出境领队所有的操作流程，小组认领线路贯穿所有项目始终，学生延续式、进阶式学习。本项目具体实训内容为，各小组列出所选线路的精华景点和注意事项(五大黄金旅游线路见表 1-5，每组自行选择一条线路)。

表 1-5 小组任务认领

案　例	特　点	小　组
澳大利亚	澳大利亚黄金旅游线路	教师示范
德国—法国—意大利—瑞士	欧洲黄金旅游线路	一组
新加坡—马来西亚—泰国	亚洲黄金旅游线路	二组
加拿大—美国	北美洲黄金旅游线路	三组
巴西—阿根廷	南美洲黄金旅游线路	四组
南非—肯尼亚探险之旅	非洲黄金旅游线路	五组

项目二

领队出团前的准备工作

【教学目标】

知识目标：掌握出境旅游团队计划的资料要求；掌握行前说明会的内容和要求；了解出团通知书的内容组成。

能力目标：能与OP和游客有效沟通；能对团队资料以及相关信息进行核对、分析及归纳。

素质目标：热爱领队工作，具有较强的责任心和服务意识，提升可持续学习的能力。

【关键词】

团队计划　行前说明会　领队行装准备

工作任务一　接受带团任务

思政案例导入

2018年12月29日，浙江籍领队王先生带领一个26人的赴日旅游团自浦东机场口岸出境。王先生近年来每年都要往返中日之间数十次，带团经验丰富，在旅行社内是数一数二的"明星领队"。因此，在边检民警告知他所持的日本签证已被日方注销时，他完全傻眼了。原来，王先生这次出境所用的签证是"多次往返签证"，有效期至2021年8月。但不知何故，在他上次入境日本时，这枚签证被当地移民机关盖上了一个不太显眼的"USED"(已注销)的印章。王先生当时并未发现此事，更未能及时与对方进行沟通，以至于此次出境受阻。

此时，该旅行团所搭乘的航班仅剩20分钟就要登机了，却面临着"群龙无首"的尴尬局面。边检民警立即多方展开联系，一方面联系王先生所在的旅行社，通报具体情况，请其尽快与日方沟通，另一方面与航空公司联系，确保该团能够顺利登上班机，同时安抚旅客情绪，请其耐心等候。经过多方努力，王先生终于获得了日本的口头入境许可。为确保该团能准时登机，边检机关立即加开专门通道，由业务娴熟的民警为其加速办理出境手续，并派专人将其护送到登机口，实现了"一站式通关"，赢得了王先生及其团员的赞誉。

【案例解析】领队在出行前应做好准备工作，仔细查看团队证件信息是否有疏漏、签证是否在有效期内等。为了方便工作，在政策允许的范围内，许多领队会申请常去目的地国多次签证，如日韩可以申请5年多次签证，在重复工作中容易疏忽对自己的证件和相关资料的检查，领队们应引以为鉴。领队应做好日常自我管理，打破惯性思维，精益求精，树立工匠精神。

任务目标

新康辉国际旅行社领队小敏突然接到公司电话，安排她带团出境前往澳大利亚。OP给了她一套该团的团队资料以及整团的团队护照，其中团队资料包括以下四个资料：团队资料1 游客信息表、团队资料2 机票单、团队资料3 澳大利亚团队签证、团队资料4 心动·澳大利亚一地七日游出团通知书，小敏该完成哪些工作呢？

项目二　领队出团前的准备工作

团队资料1　游客信息表

游客信息表

序号	姓名	英文名	性别	生年月日	出生地	护照号	护照签发地和签发日期	护照有效期	联系方式	备注
1	小敏	XIAOMIN	F	1981/10/8	湖南	E12345678	湖南 2016/06/07	2026/6/6	13574437845	领队
2	胡向华	HU XIANGHUA	M	1963/11/10	湖南	G54354484	湖南 2009/05/21	2019/5/20	18294645986	夫妻，需要双标间
3	黄林	HUANG LIN	F	1968/11/2	湖南	E87900442	湖南 2013/12/24	2023/12/23		
4	蒋莉	JIANG LI	F	1958/1/23	湖南	E01452587	湖南 2015/11/04	2025/11/3	13975133021	
5	李芳	LI FANG	F	1971/1/22	湖南	E39491150	湖南 2009/06/13	2019/6/12	13947282947	夫妻
6	廖向前	LIAO XIANGQIAN	M	1970/11/15	湖南	G60184008	湖南 2010/10/14	2020/10/13		
7	刘丕英	LIU PIYING	F	1968/7/9	湖南	G59228546	湖南 2012/10/09	2022/10/8	13080654896	大家庭，现收尾款4000元
8	彭洁	PENG JIE	F	1963/7/7	湖南	G59221333	湖南 2013/03/11	2023/3/10		
9	伍丽娟	WU LIJUAN	F	1948/7/26	湖南	E63608677	湖南 2013/08/30	2023/8/29		
10	肖艳	XIAO YAN	F	1977/11/26	湖南	G56257076	湖南 2007/09/10	2019/9/9		
11	唐何湘	TANG HEXIANG	F	1958/4/22	湖南	EB6488084	湖南 2017/11/30	2027/11/29	13707314321	母女
12	黄芳	HUANG FANG	F	1984/3/2	湖南	EE9776552	湖南 2017/01/02	2027/1/1		

团队资料2　机票单

机票信息单

1.XIAOMIN　2.HU/XIANGHUA　3.HUANG/LIN　4.JIANG/LIN　5LI/FANG　6.LIAO/XIANGQIAN　7.LIU/PIYING　8.PENG/JIE　9.WU/LIJUAN　10.XIAO/YAN　11.TANG/HEXIANG　12.HUANG/FANG

HU483 G SA04APR CSXMEL RR20 1830 0620+1 E T22

HU7998 G TU10APR SYDCSX RR20 0900 1645 E 1 T2

团队资料3　澳大利亚团队签证

27 March 2018

Grant of Visitor (subclass 600) visas in the Approved Destination Status stream

Visas have been granted to the following citizens of the People's Republic of China to travel to Australia under Approved Destination Status (ADS) travel arrangements.

ADS Tour Details
Application Date　：27 Mar 2018
Travel Agency　　：CHINA YOUTH TRAVEL SERVICE GUANGDONG
Group Size　　　：11 + Tour Leader
Group ID　　　　：THCDDR
File Number　　 ：BCC2018/1415050

团队资料 4　心动·澳大利亚一地七日游出团通知书

心动·澳大利亚一地七日游出团通知书

线路名称	4月4日　心动·澳大利亚一地七日游
航空公司	海南航空&维珍航空
机票信息	国际机票参考时间(请提前至少3小时抵达机场)： 4.04　HU483　长沙飞墨尔本　18：30起飞　06：20+1抵达墨尔本； 4.10　HU7998　悉尼飞长沙　09：00起飞　16：45抵达长沙 内陆段参考航班时间(请提前至少2小时抵达机场) 4.06　VA 735　MELOOL　1020/1225P 4.08　VA 504　OOLSYD　0700/0830 为确保衔接流畅，请领队在抵达下一站前提前联系导游接机，谢谢~
集合时间	2018年4月4日下午15：30
集合地点	长沙黄花机场-T2航站楼　4号门国际出发厅
接机标志	欢迎"小敏一行贵宾团"
领队	小敏　1357443784*
境外导游	导游信息待定
境外紧急联系人	Jay　04479902**

1. 请您认真阅读《出团通知》。
2. 确认出票后，由于客人原因取消行程，产生的损失由客人承担。
3. 由于旅游团签证为团体签证，需要整团办理出境手续，因此烦请您务必准时到达指定集合地点，以确保团队顺利出行。
4. 请您务必携带身份证原件和护照原件及复印件！
5. 国际航班游客须提前3~4小时到机场集合，集体办理登机手续，如因自身原因未按约定时间及地点集合，错过起飞时间，产生的一切损失及相关费用由客人承担。
6. 特别提醒：澳大利亚及新西兰入境时只允许携带25只香烟！
7. 澳大利亚信息：消费者投诉热线：1300 552 263；传译服务：131 450；紧急情况(危及生命情况)：000；中毒信息：131 11 26
8. 澳大利亚是农业大国，保护自有的环境和动植物，因此不使用农药，有些酒店可能会有蚂蚁蚊虫出现，请大家做一些准备，买一些蚊虫剂之类的。
9. 中国海关法律规定：带有危险性病菌、害虫及其他有害生物的动、植物及其制品是国际禁止进出境的(如皮毛制品、鸟蛋工艺品)，如携带以上产品入境存在罚款没收的风险！请知晓！如因个人喜好购买违禁品被海关罚款和没收，全部责任由购买者自行承担。

　　由于全国天气变化无常，许多地方普降大雨(或雪)。恶劣天气可能会导致航班或其他交通工具受到不同程度的影响。为保证您的顺利出行，现提示如下。

　　(1) 团队机场集合时间一般为航班起飞前3个小时，在天气状况不好的情况下，请您尽量提前出发前往机场，以免因突发情况(无交通工具、塞车等)而延误。

　　(2) 另外因为天气状况不好，有可能也会导致国际航班的延误，此为人力不可抗的因素，我们会尽最大的努力协助客人调整行程，也不排除因为往返国际及内陆航班或交通工具的时间限制而需要压缩景点以保证客人全部游览的可能性。请给予理解和支持！

　　(3) 如因天气、机器故障、国际罢工/暴乱等非人为因素而导致国际航班延误/取消、行程变更等人力不可抗事件。一旦发生类似情况，旅行社会积极协助游客与航空公司协调处理，并尽最大努力保障原计划安排不受大幅影响，与境外沟通争取损失最小化。但最终仍因不可抗力导致行程变更、取消等情况给游客造成损失的，旅行社不存在违约责任和经济赔偿义务(除未实际发生费用退还外)，敬请理解并周知！也恳请游客面对不可抗力和突发事件时给予包容和配合，与旅行社协力应对，以求最佳处理结果，将损失降到最低。

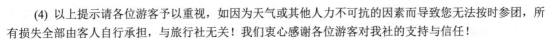

(4) 以上提示请各位游客予以重视，如因为天气或其他人力不可抗的因素而导致您无法按时参团，所有损失全部由客人自行承担，与旅行社无关！我们衷心感谢各位游客对我社的支持与信任！

关于其他：

(1) 如您有特殊餐食需要(清真餐或素食等)请务必在出发前至少 72 小时，通知您的销售人员(或领队)，以保证我社有充足的时间帮助您和航空公司申请安排！

(2) 行李托运存在损坏、被撬等风险，请勿将任何贵重物品(如相机、笔记本电脑、首饰、现金、手表等)放在托运行李中，以免造成不必要的损失和麻烦。

(3) 外籍人士及港澳台同胞出行前，请仔细检查是否具有在中国大陆有效的签证/台胞证/回乡证等，并在出团时随身携带，以保证自身顺利出入境。

特别提醒：
- 目前全澳禁止携带三星 Note7 上飞机，托运同样不允许，请您出发前务必留意，不要携带三星 Note7 出行，感谢您的配合。

出行重要提示：
- 如果您自行办理了赴澳大利亚个人旅游签证，请您务必随身携带护照原件及二代身份证原件，以便办理相关手续。
- 在机场提取托运行李时，请仔细核对本人的行李牌和行李条，以避免外观相似的行李箱提取错误。
- 请您务必准时到达指定集合地点，如果延误可能会造成您个人无法出行，谢谢合作。

安全重要提示：
- 建议您在出行前根据自身的实际情况，选择购买旅行意外伤害保险或旅行医疗救援保险。
- 请您确保自身身体条件能够完成旅游活动。如果您有不利于长途旅行的疾病或者身体因素，请提前告知我社并做好自身防护措施，且此类伤害也不在人身意外险的赔偿范围内，我社不承担由此产生的任何责任。
- 避免护照和机票遗失或被盗，进入大洋洲后，请您将护照和机票交给领队统一保管。
- 赴大洋洲旅游时要随时提高警惕，不要与陌生人搭讪，现金、证件或贵重物品要贴身携带，千万不可放进托运行李内。大洋洲酒店不负责您放在客房中贵重物品的安全，司机也不负责您放在巴士中贵重物品的安全，因此，在外出旅游时请您不要将其留在酒店或放在旅游大巴上，以免造成不必要的经济损失。

其他重要提示：
- 大洋洲国家政府规定：公共场合禁止吸烟。凡在公共区域吸烟(如非吸烟房间、餐厅、大堂等)一旦被查到将会受到当地政府的重罚，罚额高达 500～10000 澳元不等；鉴于大洋洲禁烟条例的实行，请您一定要严格遵守大洋洲国家的重要规定，以免造成不必要的经济损失。
- 如需要办理里程积分的客人，请您务必携带相应的积分卡，直接在机场柜台办理您的积分手续。

温馨提示：
- 中国移动通信陪您走遍世界的每一个角落！中国移动提醒您出境前需开通国际及港澳台漫游业务，实现全球多达 237 个国家和地区的自在漫游，享受方便便捷的开通方式、不断下调的优惠资费、贴心周到的移动服务。部分国家和地区漫游资费低至 0.59 元/分钟；境外(港澳台除外)加拨**139 拨打中国大陆境内电话比直拨更优惠；出游香港为您提供更加优惠的一卡多号服务等。详情咨询 10086 或登录网站 www.bj.10086.cn 查询。
- 在澳大利亚，中国游客常去的团购店、免税店和品牌店(如 LV、DFS 等)等可用银联卡消费。澳大利亚 NAB 银行、中国银行和 Cashcard 合计超过 7000 台 ATM 可用银联卡取款。境外用银联网络消费和取款免收 1%～2%的货币转换费。银联网站：www.chinaunionpay.com，客服热线：95516。

- 办理登机手续。如有托运行李,告知地勤人员行程目的地墨尔本或悉尼(再次提醒:贵重物品不要放在托运行李当中)。办好手续,地勤人员将机票、护照和登机牌退还给客人。登机牌上标有客人姓名(请与本人护照核对姓名拼音拼写,发现错误及时更改)、航班、登机口、登机时间和座位号。
- 行李托运手续办好后,您将在领队的带领下按照出境名单上姓名的前后顺序排成一队,走团体通道,通过海关检查。在领队的带领下前往登机口候机,或在登机牌所示登机时间之前抵达登机牌所示登机口,与领队汇合。根据国家相关规定,所有携带手提电脑、进口相机、摄像机、长焦距相机等贵重物品及超过5000元人民币现金的出中国海关时必须申报。如不知申报处地点或不清楚申报表填写可向机场工作人员询问。现金和贵重物品一定要随身携带,不要放在托运行李中,以免在托运过程中丢失。
- 出境前您可携带本人身份证前往附近的可以经营外汇业务的银行办理相关换汇事宜。如您换取澳元现钞需提前一天预约。具体换汇信息及营业网点,请以银行工作人员或银行查询热线告知的信息为准。

祝 您 旅 途 愉 快 !

澳大利亚旅游须知

一、澳大利亚入境须知

澳大利亚的安检很严格,有一些是禁止携带入境的,还有需要申报的,详细介绍如下。

(1) 必须申报——种子及果仁(不含生的):商业包装的种子,种子装饰品及项链/食物、干果;植物产品:蔬菜、草药及香料、饼干、蛋糕及糖果点心、面食及米饭、茶、咖啡及奶类饮品、竹料及藤料制品、木制品、鲜花及花环、干花装饰、松果及百合香;动物产品:制成标本的动物、羊毛(未经加工)及动物毛、动物装备(包括马鞍、马勒及鸟笼)、蜜蜂产品/贝壳及珊瑚、羽毛、骨、角制品及狼牙;用品:运动及露营装备(如帐篷、鞋类、高尔夫球装备及自行车)。

(2) 禁止携带——乳品:乳类,蛋及含蛋的产品;种子及果仁:(包括生的,没烤过的果仁,生花生、栗子及爆谷)含有或种子制成的手工艺品及纪念品;鲜果:新鲜水果及蔬菜(包括所有新鲜和冷藏的水果及蔬菜);活植物:活的植物(包括插枝、根、球、茎等);动物:活的动物。肉类及肉类产品(包括所有非罐装或新鲜、干、冷藏、烟熏或咸肉)鲑及鳟鱼产品、鹿角、鹿茸,食用燕窝包装产品,泥土及沙及所有猪肉产品/生物材料(包括人类、动物疫苗及治疗货物)。**康泰克和扑尔敏禁止携带!**

(3) 出境时必须向海关申报的物品:动植物及其加工制品,现钞澳元10000元或等值外币(含钞票与硬币),武器与弹药,文化遗产等出境时需要申报。

二、澳大利亚的注意事项

1. 出门在外,安全第一

财物安全:外出旅游携带的行李要求轻便,旅行箱、包要坚固耐用,应尽量避免携带贵重物品,若无需要,应把一切贵重物品放在家中。如需在旅途中使用的证件、护照、现金等应寄存在酒店保险箱内,或随身携带。切勿放在酒店房间内、寄存行李或旅行车内,切勿交给他人保管。客人行李如需托运,切勿将现金及贵重物品放在托运行李中。

2. 自备药盒——有备无患

为防止水土不服,请大家带好常备药品,如止泻药、感冒药、消炎药、止痛药及创可贴、风油精等,以及针对自己的身体情况带足备用药。有晕车史的,要在乘车、乘船前半小时服药。另外澳大利亚是农业大国,保护自有的环境和动植物,因此不使用农药,有些酒店可能会有蚂蚁蚊虫出现,请大家做一些准备,买一些蚊虫剂之类的。澳大利亚的医疗卫生条件非常好,但入境前也可以备一些常用药及紧急医疗用品,以应不时之需。游客可携带适量医生处方(非麻醉剂)的药物入境,所有的药物必须清楚地贴上标签,并能明显辨认。如需携带大量药物,须向海关或澳大利亚的医生出示医生证明(中英文的都要有),药物必须放在个人手提行李里。澳大利亚本地药房也有很多药品出售,但处方药必须由当地医生开出处方后才能购买。由于澳大利亚天气非常干燥,可以带一些润肤品。

3. 穿衣佩带——应时应景

请自备太阳镜、防晒霜、遮阳帽以及游泳衣。另须准备沙滩布鞋保护足部。旅行或参加活动时穿着休闲薄装(如衬衫、T恤、防风外套)和舒适运动鞋;到澳大利亚热带区,全年皆可穿着单薄的衣物,但应随身携带毛衣或外套,以防晚间转凉。

冬季(6~8月)则要穿毛衣、夹克、轻便外套或保暖衣服;冬天旅行的人要注意夜间气温变低,最冷的时候,夜间气温可下降5~6℃,必须带上毛衣、外套。

4. 澳大利亚的酒店房间不可以吸烟

如果客人在房间、卫生间或者房间阳台及消防通道吸烟被发现,最低罚款150澳元每次,如果引起火警,所产生的一切费用和法律责任由客人自己负责。旅行社支付的房费只包含客人住宿及早餐,其他所有额外产生的费用由客人自己支付。

酒店特殊情况说明如下。

(1) 酒店的入住时间一般为下午14:00以后,退房时间为中午12:00以前,超时需要加收费用。酒店提供免费和收费电视,观看收费闭路电视前请先查阅费用说明再作决定。

(2) 酒店客房内的电话拨打外线均需收费,此费用比较昂贵,建议在当地购买电话卡使用。

(3) 请注意保护酒店内的设备设施,酒店一般对设备设施损坏赔偿比较昂贵。

(4) 酒店房间内不可以吸烟,非法吸烟所造成的损失将由吸烟人自己全部承担。

(5) 酒店冷水管的水是可以直接饮用的,但是热水管的水不能直接饮用。如果需要热水泡茶,可以用酒店房间内提供的热水壶。一般公共场合的地方都备有饮用水龙头。

(6) 酒店星级标准为澳大利亚当地设定的星级,略低于中国水平。

5. 通信

中国的全球通手机开通国际漫游后可以在当地使用,往国内拨号方式均可以按如下方式。

往中国打电话则先拨:0086(00为国际长途,86为中国的国家代码)再拨各国城市区号及电话号码。

拨移动电话 **139*86+被叫手机号码+#(如**139*8613501164873#)

拨固定电话 **139*86+区号+被叫号码+#(如**139*862088203850# 广州)

(如 **139*861064324248# 北京)

6. 用电

澳大利亚使用的是 220~240V、50Hz 的交流电。使用三脚扁形插座,当地三脚插座与其他国家不同,所以您最好能准备一个转换器和万能插座。您可自备转换插头,也可以向酒店大厅柜台询问是否有转换器可租用,如图 2-1 所示。

图 2-1 三脚扁形插座

三、行装准备建议

(1) 出门旅行,衣服应该以轻便和多用途为主。准备衣物要根据季节的变化而定,澳大利亚大部分气候属于热带或亚热带气候,夜间气温通常较低,需携带稍厚的外套。

以下温度介绍仅供参考,建议客人出发前查询收看或收听国际气象预报:http://www.worldweather.cn。

澳大利亚地处南半球，与北半球气候相反，年平均降雨量在460毫米左右。
春天：9～11月，最高气温约20℃，最低约9℃。
夏天：12月～次年2月，最高气温约25℃，最低约14℃。
秋天：3～5月，最高气温约20℃，最低约11℃。
冬天：6～8月，最高气温约14℃，最低约6℃。

(2) 请准备牙刷、牙膏及拖鞋等个人卫生用品(澳大利亚和新西兰出于环保，酒店不予提供)。其他必备物品：洗发水、沐浴液、太阳镜、防晒霜、雨伞、相机/摄像机、薄荷膏(蚊虫叮咬)、创可贴等；建议您将喜爱吃的榨菜列入旅行用品。

(3) 建议您使用带轮子的行李箱，方便随航班托运和随身携带；托运行李前一定要将行李上面的旧托运条撕去，防止托运行李时引起误会，导致您的行李运错地方；防止行李被偷、被撬，建议适用小锁将行李拉锁锁住。

(4) 如需境外使用手机，请在出发前到相应电信营运商营业地开通国际漫游，确保您的手机在境外使用畅通。

(5) 国际航班自2006年11月6日起开始实施新的手提行李安全规定——限制携带液体物品登机，此规定适用所有从欧盟境内出发及转机的航班。手提行李中的液体和胶状物品，如护肤品与美容品等只能在符合下列规定的前提下携带。

① 装有液体及类似物品的容器其容量不得超过100毫升(以包装上标明的容量为准)。
② 所有容器必须全部装入一个透明、可重复开封的塑料袋内(如"拉锁式塑料袋")，容积不得超过1升。
③ 每人只能携带一个塑料袋；该塑料袋必须在安全检查处单独出示。
④ 液体物品包括：水、糖浆类；面霜、润肤油类；香水、喷雾剂类；洗发水、浴液类；剃须液、牙膏、睫毛膏类以及其他的任何类似物品。
⑤ 请不要在安检及转机安检前打开装有液体塑料袋，否则将被没收。
⑥ 特殊疾病须随身带入机舱的指定药物(须出示医生证明)与特殊食品(如婴儿食品)可在塑料袋之外携带。此类物品也必须向安全检查人员出示。
⑦ 不符合尺寸规定的物品及塑料袋禁止带上飞机。

(6) 个人消费建议使用银联卡。

在澳大利亚，中国游客喜爱的绝大部分免税店(机场及市区)、高端品牌店(如LV、DFS等)、高端钟表珠宝商店、旅游纪念品商店等可用银联卡直接刷卡消费。澳大利亚60%的ATM(16000千台)、新西兰BNZ银行近千台ATM可用银联卡取款。境外用银联网络消费和取款免收1%～2%的货币转换费。银联网站：www.unionpay.com，当地客户热线：1800-649-612/ 0011-800-800-95516(澳大利亚)0800-450-831(新西兰)国内客服热线：95516。

澳大利亚境内多类商户可直接用银联卡消费(包括Hermes、LV、Prada、DFS、Cartier、Burberry、悉尼金唐海鲜酒家、墨尔本Shark Fin餐馆等)，所有使用澳大利亚国民银行POS机的商户均可受理银联卡。全澳大利亚60%的ATM(如澳大利亚国民银行NAB、汇丰银行HSBC、中国银行、Travelex、Cashcard、花旗银行、CashConnect、FirstPoint以及澳大利亚所有7-11便利店内的ATM机)均可使用人民币银联卡直接提取澳元。全澳大利亚所有出租车的Cabcharge刷卡机上均可受理银联卡支付车费。全澳大利亚机场和港口的海关均接受通过银联信用卡办理退税业务。

由于澳大利亚独特的政策对顶，商户有权向信用卡持卡人收取手续费，因此一小部分商户会向持卡人收取1%～2%的手续费，建议使用借记卡。请注意澳大利亚只有部分商户可以受理双标识卡信用卡并走银联通道，建议持卡人尽量使用银联卡，以确保享受银联网络的各项优惠和服务。境外用银联网络消费和取款免收1%～2%的货币转换费。银联网站：www.unionpay.com，客服热线：95516，当地银联热线：1800-649-612/ 0011-800-800-95516。旅游质量监督电话：400-819-9898(拨9)祝您旅途愉快，满意归来！

《心动·澳大利亚一地七日游行程单》

日期	行 程 安 排
第一天 4月4日	长沙 ✈ 墨尔本(CHANGSHA / MELBOURNE) 国际参考航班：HU483　18:30　06:20+1(飞行约 11 小时) 长沙机场集合，搭乘海南航空国际航班，飞往澳大利亚大都市——墨尔本，夜宿飞机上。 酒店：飞机上　　　　　　　　　　用餐：飞机上　　　　　　　　交通：飞机
第二天 4月5日	墨尔本 MELBOURNE 澳大利亚第二大城市——墨尔本 Melbourne 是维多利亚州的首府，城市的绿化率高达 40%，曾十余次被评为世界上最适合人类居住的城市，有"花园城市"的美名。维多利亚时代的房屋与现代建筑填满了城市的每个角落，满城绿化让城市自由呼吸。 抵达后，导游热情接机，前往【菲兹洛伊花园 Fitzroy Garden】(约 15 分钟)是墨尔本市区五大花园之一，绿树葱葱，鸟语花香，带着浓厚的英国乡村浪漫色彩。在空中俯瞰这个花园，您会惊奇地发现这个花园内的林荫小路是一幅巨大的英国米字国旗的图案。 【库克船长小屋 Captain Cook's Cottage】（外观约 10 分钟)是卓越的英国航海家库克船长的故居，堪称澳大利亚历史最悠久的房屋。这座石屋 1755 年建于英国，1934 年当维多利亚州一百周年纪念之际，由格里姆韦德爵士赠送给墨尔本人民，它被拆卸后运至墨尔本，然后依原样组建起来。当时的搬运工程十分浩大，屋子被拆下来，一瓦一石都编上号码再从英国运来，甚至小屋上的常春藤都是从原址剪枝而来的。小屋绿树葱葱，鸟语花香，带着浓厚的英国乡村浪漫色彩。 【圣派翠克大教堂 Sanpatric Church】(外观约 20 分钟)南半球最大最高的天主教堂，是墨尔本市区最具代表性的哥特式建筑之一，大部分用青石建成，是文艺复兴时期华丽建筑风格的完美表现。细致的彩绘窗花玻璃，巧夺天工的木雕及石匠工艺，突出了天主教堂的宏伟与庄严。 【维多利亚艺术中心 Victorian Arts Centre】(途经)是大型交响及古典作品演奏会的专用演出场地。外部建有一座 156 公尺高的艾菲尔式尖塔，耸立在亚拉河畔，为色彩缤纷的墨尔本市注入一股清流，也是墨尔本人心中的骄傲。 【王子桥 Princes Bridge】(途经)是建立在澳大利亚最古老的渡口上的一座历史性的桥。这座桥已被列入了维多利亚遗产名录。在王子桥的每一个桥墩的两侧，都立着王子桥的标志性建筑，上面雕有皇冠、袋鼠、绵羊、帆船、鲸鱼等澳大利亚标志性的东西。 【弗林德斯火车站 Flinders Street Station】(途经)是澳大利亚最早的火车站，也是墨尔本当地火车线路的总站。这里是墨尔本最繁荣之地，这幢百年的米黄色文艺复兴式建筑物，已经成为墨尔本的著名标志，经常出现在旅游刊物的封面上。 时间充裕的情况下，贵宾们可乘坐有轨电车游览墨尔本，这是南半球最大以及世界上最繁忙的有轨电车系统。墨尔本是澳大利亚唯一一个保留了有轨电车网络的城市。有轨电车赋予墨尔本独特的个性，提供了一种了解城市和城市中心区的观光方式。
	酒店：当地酒店标准间　　　　　　用餐：午晚　　　　　　　　交通：汽车
第三天 4月6日	墨尔本/黄金海岸 航班：4.06　VA 735　MELOOL　1020/1225P 搭乘内陆航班飞往澳大利亚黄金海岸，而后前往的昆士兰州首府——布里斯班 Brisbane 是澳大利亚第三大城市，由于处于南回归线稍南，常年都是迷人的亚热带气候，全年平均日照为 7.5 小时，故有"阳光之城"的美誉。

续表

第三天 4月6日	抵达后将带您游览【南岸公园】(约30~40分钟)1988年世界博览会的旧址,位于布里斯班河南岸,占地16公顷,是当地市民休闲放松的好去处,园内有水质清澈的海滩和青葱的林荫草地,是享受布里斯班亚热带气候的最佳去处。 【袋鼠角Kangaroo Point】(约15分钟)此处位于布里斯班河南岸的河套上,是观看整个布里斯班城市风光和河流风光的观光点。想要一览布里斯班的地平线,这里是绝佳角度,布里斯班河流经这里时正好是个U字形,整座城市风貌以超广角呈现,相当壮观。 【故事桥Story Bridge】(途经)布里斯班最著名的大桥,建造于1940年6月6日,是澳大利亚设计并建造的最大的钢铁大桥。故事桥是以桥梁设计者的名字Story命名的,中文名就叫"故事桥"。故事桥为钢桁梁桥,桥长500多米,宽24米,高74米。桥梁96%的建筑材料取自澳大利亚当地,而且是全世界唯一的两座手工制作的大桥之一。 【布里斯班市政厅Brisbane City Hall】(途经)建于1930年,是一座具有意大利典型新古典主义派风格的棱柱型塔式建筑,通体用昆士兰州特有的棕黄色砂岩建成。它以前是布里斯班市政理事会的总部,现在称为市政中心。市政厅的门庭有很多立柱,非常雄伟,顶部高插云霄的市政厅钟塔,深具南欧风情。它高106米,仍保持着澳大利亚钟塔之最,非常壮观。前往黄金海岸Gold Coast位于布里斯班以南75公里处,是举世闻名的海滨度假胜地。由数十个美丽沙滩组成延绵70公里长的海岸线,是冲浪者梦寐以求的天堂。			
	酒店:当地酒店标准间		用餐:早午晚	交通:汽车
第四天 4月7日	黄金海岸Gold Coast 【天堂农庄Paradise Country Farm】占地12公顷的天堂农庄是澳大利亚的金字招牌,来澳大利亚旅游不都冲着它地广人稀的沙漠、绵白细薄的海滩和遍地是黄金的农场吗?农场充满浓郁的乡村田园气息,农场里生活着土生土长的澳大利亚农民,在这里你也能够亲身感受到澳大利亚发达的农业机械化程度。天堂农庄里表演的项目甚多,骑马、甩鞭、牧羊、挤奶、剪羊毛、喂袋鼠,这些都是牧民们日常生活的必需,而这些恰恰是大城市里的人们平时经常听到、非常感兴趣却没有机会目睹和尝试的。在这里,游客们不仅可以参观,还能够直接参与,使人感到别开生面。 【滑浪者天堂Surfer Paradise】(约15~20分钟)明媚的阳光、连绵的白色沙滩、湛蓝透明的海水、浪漫的棕榈林,尽享沙滩的魅力。银白色的沙滩顺着坡度缓缓地向大海延伸。蓝色的海水卷着波涛向岸边扑来,似雪波光,奔腾喧嚣。在这里您可以尽情地感受浪漫与阳光,海滩面对着广阔蔚蓝的太平洋,海岸线像一根金线笔直地沿着太平洋穿越到天际,带给您天堂般的感受。 晚餐后前往酒店休息。			
	酒店:当地酒店标准间		用餐:早晚	交通:飞机、汽车
第五天 4月8日	黄金海岸/悉尼(GoldCoast / Sydney) 航班:4.08　　VA 504　　OOLSYD　　0700/0830 抵达后前往澳大利亚最大最古老的城市——悉尼Sydney是通往澳大利亚各大城市的门户,也是世界著名的大都会。悉尼融合了令人陶醉的自然景观及举世闻名的杰出建筑。已经220岁的悉尼不断传承历史的经典,延续着文化的脉动。 前往【悉尼歌剧院Sydney Opera House】(外观)歌剧院由三组贝壳状相互交错的穹顶组成,内设两个主演出厅和一个餐厅。这些贝壳状建筑屹立在一个巨大的基座之上,四周是露台区,作为行人汇集之所,是悉尼的标志和灵魂,是澳大利亚最著名的建筑。建筑造型新颖奇特、雄伟瑰丽,外形犹如一组扬帆出海的船队,也像一枚屹立在海滩上的洁白大贝壳,与周围海上的景色浑然一体。			

续表

第五天 4月8日	【悉尼海港大桥 Sydney Harbour Bridge】(远观)是早期悉尼的代表性建筑，它像一道横贯海湾的长虹，巍峨俊秀，气势磅礴，与举世闻名的悉尼歌剧院隔海相望，成为悉尼的象征。 前往【鱼市场】(不含午餐，逗留约 1.5 小时)自由选择品种繁多的各种三文鱼、龙虾等，充分体验澳大利亚当地居民的生活情趣。 【麦考利夫人座椅公园】在这里还可以拍到由悉尼港剧院、海港大桥、广阔海平面组成的全景照片。 【海德公园 The Hyde Park】(约 20 分钟)位于悉尼市中心的海德公园，初建于 1810 年，已经有 200 年的历史，那里有大片洁净的草坪、百年以上的参天大树、柔和的丘陵和亚奇伯德喷泉，是令游人们流连忘返的地方。 【圣玛利亚大教堂 St Mary's Cathedral】(外观约 10 分钟)由当地的砂岩建成，哥特式建筑风格气势雄伟恢宏，内部庄严肃穆，是悉尼天主教社区的精神家园，也是悉尼大主教的所在地。 【悉尼港 Show Boat 西式晚餐游船】(约 60 分钟)傍晚将带您环游景色绝佳的世界三大美港之一的天然港湾——悉尼港。带您从另一个角度欣赏举世闻名的悉尼歌剧院及海港大桥。港湾内帆影点点，不时可见快艇掠过水面，勾画出令人难以忘怀的美景。船上已经为您准备好丰盛精美的西式晚餐，您可在欣赏美景的同时享用精致晚餐。		
	酒店：当地酒店标准间	用餐：早晚 (游船晚宴)	交通：汽车
第六天 4月9日	悉尼 🚗 蓝山 🚗 悉尼(Sydney - Blue Mountains -Sydney)(约 90 公里) 大蓝山山脉地区 Greater Blue Mountains Area 于 2000 年被列入世界自然遗产，占地 103 万公顷，由砂岩高原、悬崖和峡谷构成，大部分被温带桉树林覆盖。这一遗产地有 8 个保护区，共有 91 种桉树，因而这一地区也以其桉树结构和生态多样性以及栖息物种的丰富性而著名。 驱车前往著名的世界自然文化遗产——蓝山 Blue Mountain(单程车程 1.5 小时，游览约 1.5 小时)位于悉尼以西约 100 公里处。这里拥有茂密的尤加利树林，这种树的树叶会释放出一种气体，积聚在山峰和谷顶，形成一层蓝色薄雾，蓝山因此而得名。整列茂密丛林峡谷海拔高达 1300 公尺，清爽的高山空气、瀑布奔泻的广阔沙岩山谷、三块酷似人形的岩石——三姐妹峰并肩而立构成一幅精致、辽阔无涯的大自然图画。 前往【回音谷】在此远眺蓝山全景及享誉世界的【三姐妹峰】——旧时有澳大利亚土著三姐妹爱上了族中仇人后裔的三兄弟，上演了一场澳大利亚版《罗密欧与朱丽叶》。勇敢的三姐妹为了反抗封建恶势力，宁可化成三座倔强的岩石，即三姐妹峰。		
	酒店：当地酒店标准间	用餐：早午晚	交通：飞机 汽车
第七天 4月10日	悉尼✈长沙 参考航班：HU7998 0900/1645 搭乘国际航班，返回您温馨的家，结束完美的旅程！		
	酒店：无	用餐：早(打包××)	交通：飞机

*****凡遇当地天气原因导致行程不能如期进行的，我司将退回当天景点门票费用*****
\ \ \ \ ***** 所有购物或自费项目均由客人自愿性参观，我社决不强迫消费 *****
\ \ \ \ ***** 行程所列仅作界定旅游线路及游览内容之用，具体安排(包括航班调整)以出团说明会上发放的行程为准*****

提示：以上行程时间表仅供您参考，有可能会因为境外期间特殊情况予以调整，如(堵车、恶劣天气、景点关门、突发事件等)。

一、服务项目

(1) 长沙/澳大利亚往返国际机票和澳大利亚境内段机票，团体经济舱，含机场建设税。

(2) 当地四星级酒店(双人间/西式早餐或早餐盒)。

(3) 境外车型标准：(如遇到突发情况，旅行社可调整用车标准，望客人谅解！)

12/14 座	21 座	24/25 座	28/30/33 座	45/48 座
(1-11)+1 T/L	(12-18)+1 T/L	(19-22)+1 T/L	(23-30)+1 T/L	31+1 T/L 以上

(4) 中式菜系午晚餐(五～六菜一汤)，10～12 人一桌(自助餐、特色餐、景点内的餐食及客人自理的餐食除外)。

(5) 行程中所列景点门票。

(6) 旅行社责任险。

二、不含项目

(1) 护照费用。

(2) 酒店内电话、传真、洗熨、收费电视、饮料等费用；酒店行李搬运等费用不含。

(3) 洗衣、理发、电话、饮料、烟酒、付费电视、行李搬运等私人费用。

(4) 服务项目未提到的其他一切费用，例如特种门票(夜总会、博览会、缆车、抱考拉照相等)。

(5) 签证相关的，例如未成年人公证书等相关费用及 75 岁以上(含 75 岁)老年人身体健康体检证明书。

(6) 单人房差 500 元人民币/晚/人。

(7) 旅游费用不包括旅游者因违约、自身过错、自由活动期间内行为或自身疾病引起的人身和财产损失。

三、服务标准说明

1. 景点说明

行程中标明"入内参观"的景点时间请见行程中的描述，时间仅供参考，实际时间以具体行程游览时间为准；"停留参观"的景点时间我社可根据具体行程安排做适当调整；"外观"及"远观"的景点均不入内，停留时间视具体游览时间情况而定。"途径"的景点均不下车。

郑重承诺：景点实际游览时间在行程中标注时间！

2. 行程说明

(1) 如遇部分景点节假日休息或庆典等，本社有权根据实际情况调整行程中游览的先后顺序，以尽可能保证游览内容。但客观因素限制确实无法安排的，本社将根据实际情况进行调整，敬请各位贵宾理解与配合！

(2) 行程景点实际游览最短时间以行程中标注时间为准。

(3) 根据国际航班团队搭乘要求，团队通常须提前 3～3.5 小时到达机场办理登机手续，故国际段航班在当地下午 15 点前(含 15 点)，晚间 21 点前(含 21 点)起飞的，行程均不含午餐或晚餐。

3. 酒店标准

(1) 行程中已标明酒店的星级，酒店星级标准为当地酒店评定标准。

(2) 澳大利亚有些城市的四星级酒店为度假村式酒店，大堂都比较小，无商场，大部分酒店没有电梯。

(3) 澳大利亚有些酒店的双人标准房会设置一大一小两张床，方便有小孩的家庭游客；还有些酒店双人房只设置一张大的双人床，放置双份床上用品，有时是两张单人床拼在一起，用时可拉开(概为大小床、双人床+沙发床、双人床+单人床、双人床+可移动的床等情况)。

(4) 如果因展会、节假日、赛事酒店爆满等因素，我公司会依当时情况调整住宿城市，但是不会影响酒店星级及整体游览时间。

4. 用餐标准

(1) 行程中所列餐食，午餐为五菜一汤，晚餐为中式六菜一汤；10～12 人一桌(自助餐除外)；用餐时

项目二 领队出团前的准备工作

间在飞机、船上的不再另补。澳大利亚境内的早餐均为酒店内早餐,如果不用餐,费用不退;如遇早班飞机,一般安排早餐盒或是在机场买快餐,视具体航班时间情况而定。

(2) 行程中未列餐食,以飞机上用餐为准。飞机餐食标准以各个航空公司规定为准。

5. 购物标准

境外购物店介绍(购物表)如下。

国　家	购物店	所买商品	停留时间
澳大利亚	悉尼土特产店	澳大利亚土特产及旅游纪念品	约 1 小时
	悉尼被厂	澳大利亚羊毛被、驼羊皮	约 1 小时
	DFS 全球免税店	奢侈品牌:时装、美妆、腕表	约 1 小时
	黄金海岸澳宝店	澳大利亚宝石加工厂	约 1 小时
	JJ 免税店	澳大利亚土特产、保健品	约 1 小时
	墨尔本鲍鱼店	澳大利亚鲍鱼	约 1 小时

购物说明:

(1) 全程不强制购物。

(2) 境外购物以购物表上的购物店为准,不增加购物表以外的额外购物店(须经全体团员签字同意方可增加)。

(3) 游客在指定购物店中为自愿购物,所购商品非质量问题一律不予退还。

(4) 行程中规定的景点、餐厅、长途中途休息站等这类购物店不属于旅游定点商店,若您所购买的商品出现质量问题,旅行社不承担任何责任。

(5) 游客自行前往的购物商店所购商品出现质量问题,旅行社不承担任何责任。

6. 退费说明

(1) 如遇天气、战争、罢工、地震等人力不可抗因素无法游览,我社将按照旅行社协议,退还未游览景点门票费用,但赠送项目费用不退。

(2) 由于团队行程中所有住宿、用车、景点门票等均为旅行社打包整体销售,因此若旅游者因自身原因未能游览参观的视为自动放弃权利,旅行社将无法退还费用。

(3) 航空公司的三不准原则"不退、不签转、不改"。参团机票为团队折扣票,团队折扣票执行航空公司三不准的规定。如因自身原因取消行程所产生的机票及其他损失须由旅游者自身承担,旅行社不予退还。

(4) 澳大利亚内陆段机票选用 Virgin Blue(DJ)或者 Jetstar(JQ)或者 Qantas(QF),澳大利亚与新西兰间的跨海航班选用:CI 或 DJ 或 AR 或 LA 或 QF 或 NZ 或 EK,一旦出票无法取消。因航空公司不可抗因素如天气原因、机械故障等取消或更改航班的行为,我社会尽力协调处理,但无法承担相关责任。

7. 退税说明

游客在自由活动期间自行购买的商品造成未能退税的,旅行社不承担相应责任;如果出现退税不成功、税单有问题导致无法退税等问题,我们会负责协调处理,但无法承担任何赔偿。导游有责任和义务协助各位贵宾办理退税手续,导游应详细讲解退税流程及注意事项。但是如果因为贵宾个人问题(如没有仔细听讲、没有按照流程操作、个人税单有问题达不到退税要求)或者客观原因(如遇到海关退税部门临时休息、海关临时更改流程)在退税过程中出现错误,导致您被扣款、无法退钱、退税金额有出入等情况,旅行社和导游仅能协助您积极处理,并不能承担您的损失,请贵宾们理解!

8. 补费说明

(1) 如遇国家或航空公司政策性调整机票价格,请按规定补交差价。机票价格为团队机票,不得改签、换人、退票或改期。

(2) 如果旅游目的地国家政策性调整门票或其他相关价格,请按规定补交差价。

9. 其他说明

质量反馈表，我社处理游客意见，以游客交回的《团队质量反馈表》为依据，请您秉着公平、公正、实事求是的原则填写《团队质量反馈表》。

四、温馨提示

1. 行程中所列航班号及时间仅供参考，将根据实际情况作出合理的调整。
2. 黄金海岸和布里斯班的酒店根据航班时间和实际酒店预订情况作出适当的调整。
3. 行程中所注明的国家及城市之间飞行和车程的距离，仅供参考，视当地天气及交通状况进行调整。
4. 澳大利亚与北京时间的时差冬令时快 2 个小时，夏令时快 3 个小时。
5. 新西兰与北京时间的时差冬令时快 4 个小时，夏令时快 5 个小时。
6. 根据澳大利亚及新西兰的法律规定，导游和司机每天工作时间不得超过 10 小时(包括休息时间)。
7. 此参考行程和旅游费用，我社将根据参团人数、航班、签证及目的地国临时变化保留调整的权利。
8. 请您在境外期间遵守当地的法律法规，以及注意自己的人身安全！
9. 依照旅游业现行作业规定，我社有权依据最终出团人数情况，调整房间分房情况。
10. 如在自由活动期间进行一些可能有危险性的活动时，如潜水、海底漫步、直升机、摩托车、四驱车、喷射快艇等项目时，请您根据个人身体情况酌情选择游玩项目，注意自己的人身安全，如发生意外客人自己负责，与我社无关！
11. 澳大利亚和新西兰主要流通货币为澳元和新元，建议您出国前兑换好所需的当地货币。如果您携带信用卡，请在国内确认好已经激活才可以在境外使用！

五、旅游须知

1. 出发前，请您务必携带并保管好自己的护照、身份证、机票以及其他予以证明个人身份的资料(如检疫证明、公证书等)并对其有效性进行核实，出境时，可能会因为您未能出示真实有效的相关证明被罚款或是阻止您登机、登船、进入某个国家，从而影响您的出行。
2. 出于环保，境外酒店均不提供一次性个人洗漱用品，请自备。
3. 办理出入境手续时，请注意遵守秩序，保持安静，不要随便议论有关炸弹、恐怖主义、宗教等一切敏感话题。
4. 请听从领队指挥，不要私自行动，切记不要帮陌生人看管或携带行李，以防被人利用。
5. 遵守各国边防海关规定，禁止携带文物、生物制品、枪支、动物皮毛、违禁药品器具、非法书籍、音像资料、电脑程序和磁带、水果、蔬菜和植物、肉类、牲畜和禽类、超过规定数目的货币和黄金制品、超过自身治疗用量的治疗药物、宠物、鱼和野生动植物、打猎所得。
6. 遵守当地法律法规和宗教习俗，不要对当地政局进行评论或发表个人观点，尤其在游客集中的地方，以免引起不必要的麻烦。
7. 注意保管好旅游证件及个人财物，贵重物品请随身携带。注意人身安全，夜间尽量避免单独外出。
8. 在旅途中请不要离团单独行动，每到一站请一定要记下酒店的地址、电话、领队、导游房号、旅游车牌号、司机联系方式等，以防万一走失可找到团队。参观旅游景点或自由活动时一定要记清集合时间、地点，离开团队时一定要告知领队，离开酒店时一定要索要酒店名片以便坐车和询问路线。
9. 《中国公民出境旅游文明公约》如下。

中国公民，出境旅游，注重礼仪，保持尊严。讲究卫生，爱护环境；衣着得体，请勿喧哗。
尊老爱幼，助人为乐；女士优先，礼貌谦让。出行办事，遵守时间；排队有序，不越黄线。
文明住宿，不损用品；安静用餐，请勿浪费。健康娱乐，有益身心；赌博色情，坚决拒绝。
参观游览，遵守规定；习俗禁忌，切勿冒犯。遇有疑难，咨询领馆；文明出行，一路平安。

旅行社(盖章)：   旅游者或旅游者代表(签章)：

经办人及电话：

签约日期：   签约日期：

项目二　领队出团前的准备工作

附件一：自费项目补充确认

(1) 澳大利亚和新西兰具有深厚的文化底蕴，以下推荐的自费项目都是精华所在。您可以在自由活动期间或行程时间安排允许下，根据自己的喜好，自愿选择自费项目，相信澳大利亚的自费活动会带给您不同的体验。

(2) 所有自费项目绝不强迫，如达到自费项目对应的成行人数，且在时间、天气等因素允许的前提下，旅行社予以安排。如因行程安排、天气、景区临时关闭等原因无法安排，请您理解。

(3) 自费项目参加与否，由旅游者根据自身需要和个人意志，自愿、自主决定，旅行社全程绝不强制游客参加自费项目。如旅游者不参加自费项目，将根据行程安排的内容进行活动。旅行社不会售卖此自费项目表以外的任何其他项目。

(4) 自费项目为统一标价，简要内容参见本补充协议的自费项目介绍，如您同意参加，须在境外自费项目券上签字确认。一旦发生纠纷，我社将把您签字确认的副券作为处理依据，以保证您的权益。

(5) 此售价为 10 人以上成团的优惠价，如果人数不足 10 人，报价将会上涨，具体售价根据参加人数而上涨。或导游将取消自费活动的安排，请您谅解。

(6) 请您在选择自费项目之前慎重考虑，一旦确认参加并付费后，领队或者导游将会进行预订，费用产生后旅游者再取消的，将无法退还您费用。

自费项目	项目包含内容 (导游会在自费项目内容上有所调整，以当地导游实际所推内容为准！) 参加完水下自费项目后，12 小时内严禁乘飞机！	参考价格 (以下价格仅供参考，以当地最新价格为准！包含导游安排用车的自费项目如少于 10 人，费用相应调整！)
悉尼 A 线：悉尼塔夜游	登上悉尼铁塔，饱览世界三大夜景之一悉尼夜景；观看精彩的镭射与立体电影；车游南半球最大的红灯区——国王十字街；驱车经过雄伟的悉尼大桥，从桥北看歌剧院和市区另有一番精彩！ 游览时间：大约 3 小时	成人：AUD120 儿童：AUD100
悉尼 B 线：水族馆夜游	参观悉尼水族馆，车游南半球最大的红灯区——国王十字街；驱车经过雄伟的悉尼大桥，从桥北看歌剧院和市区另有一番精彩！ 游览时间：大约 3 小时	成人：AUD120 儿童：AUD100
黄金海岸 A 线：百万游艇	专业导游带你乘豪华游艇夜游澳大利亚百万富人湾，拜访澳大利亚中产阶级人家，了解当地人的生活水平；参观南半球唯一水上教堂，并品尝丰盛的夜宵(含泥蟹粥、生蚝、袋鼠肉等)。 游览时间：日游：大约 1 小时，夜游：大约 1.5～2 小时	夜游　　　　　日游 成人：AUD120　成人：AUD150 儿童：AUD100　儿童：AUD120
黄金海岸 B 线：萤火虫洞	在专业向导和讲解员带领下，深入国家公园，探访隐秘的萤火虫栖息地(萤火虫洞)，夜观南十字星座。 夜游：大约 3 小时	成人：AUD120 儿童：AUD100
墨尔本夜游	晚上抵达墨尔本意大利街品尝百年蛋糕店经典手艺，并在浪漫的亚拉河畔欣赏 Crown Casio 壮丽的烽火表演，成人参观成人俱乐部，儿童免费赠送意大利街比萨和冰激凌。 游览时间：大约 2.5～3 小时	成人：AUD120 儿童：AUD100

金额合计：_____澳元

我已阅读并充分理解以上所有内容,并愿意在友好、平等、自愿的情况下确认:

旅行社已就上述自费项目的特色、旅游者自愿参加自费项目事宜及相关风险对我进行了全面的告知、提醒。我经慎重考虑后,自愿选择并参加上述自费项目,旅行社并无强迫。我承诺将按照导游提醒参加自费项目,并遵循旅行社的提示理性消费、注意自身人身财产安全。如因自身原因取消或因旅行社不能控制因素无法安排的,对旅行社予以理解。

我同意《自费项目补充确认》作为双方签署的旅游合同不可分割的组成部分。

旅游者确认签字:
签字:
日期:

任务实施

请每个小组将任务实施的步骤和结果填写到活页的任务单 2-1 中。

任务评价考核点

(1) 能正确核对团队计划。
(2) 能召开行前说明会。
(3) 熟悉旅游行程安排。

任务指导

一、与 OP 交接

领队的工作是从接受带团任务开始的,一直到回程后票据及后续事宜交接完毕才算结束。给领队下达接团任务的一般是导游部经理或计调人员,领队一般要到计调人员手上去领取团队计划。

计调人员又称"OP",为英文"operate"的缩写,其主要工作任务是负责团队的前期操作(如线路的编排、供应商的采购、交通的安排、导游的安排等)、团队进行时的后勤保障(如突发事件的处理、协调等)及行程结束后的归档、善后(如团队档案的归档、整理、投诉的处理等)。

当领队接到通知到计调处领取计划时,领队就开始进入工作状态,并按领队业务操作流程和服务规范行事。

(一)移交团队资料需弄清

(1) 团队构成的大致情况(人数、性别、年龄、职业、家庭构成、是否存在单房差等)。
(2) 团内重点团员的情况(是否有贵宾或重要人物)。
(3) 团队的完整行程(是否存在补充协议)。
(4) 团队的特殊安排和特别要求(住宿、餐饮或其他方面的要求)。

(5) 召开行前说明会的时间和地点。
(6) 团费余款现收明细。

OP 在介绍团队和强调注意事项时一般会对照《游客信息表》，重要的信息会体现在该表中。《游客信息表》是领队了解游客信息的重要窗口，也是领队工作过程中使用最频繁的资料，联系客人、填写出入境卡以及目的地住宿登记等都需要用到，领队在拿到游客信息表时应迅速查阅，并听取 OP 的介绍做好记录。

任务 2-1 中，《游客信息表》有两个地方需要关注，一是房间安排上，一对夫妻要求安排双标间；二是一组 4 人大家庭需要现收团款尾款 4000 元。

(二)移交出境旅游行程表(《出团通知书》)需细阅

《旅行社出境旅游服务质量》对《出境旅游行程表》的内容有明确规定：《出境旅游行程表》应列明以下内容。

(1) 游览线路、时间、景点。
(2) 交通工具的安排。
(3) 食宿标准、档次。
(4) 购物、娱乐安排以及自费项目。
(5) 组团社和接团社的联系人和联络方式。
(6) 遇到紧急情况时的联络方式。

出境旅游行程表，旅行社一般会以出团通知书形式呈现，出团通知书上包括详细旅游行程、重要注意事项、出行提醒、领队联系方式以及集合时间地点等内容，为旅游合同的一个重要组成部分。领队需要和 OP 核实现有出团通知书是否和游客所持通知书一致，若发现通知书出现问题应及时与 OP 确认。

(三)拿到计划需检查

出境旅游团的完整团队计划资料包括：游客信息表、出团通知书(行程计划表)、机票单、中国公民出境旅游名单表、健康申明表、团队护照、签证、游客意见表、安全注意事项告知书、必要的签证小费外币等。旅行社会以文件袋的形式将不同团队计划分装，领队拿到之后应该仔细检查资料是否齐全。

不同的团队有不同的要求，除了游客信息表和出团通知书、机票单为每个团队必备资料外，其他需要的资料也不会完全一致，领队应仔细检查资料是否齐全。在实际工作中，因为销售不充分，落地签或者免签目的地旅游经常有出行前甩位特价销售，临时增加的游客会导致游客信息表以及机票单变动，领队应在出行前注意索要变更后的资料，避免后续工作失误。

特别提醒的是除了团队文件袋的实物资料外，领队最好向 OP 索要电子档的相关资料并保存在手机里面以备不时之需。

任务2-1中,小敏带领的澳大利亚一地游团队资料需要有团队电子签证打印件、团队机票单、出团通知书、游客信息表、境外酒店预订单,OP移交资料时缺境外酒店预订单,另外出团通知书上境外地接导游信息待定,领队应该和OP沟通,了解信息给出的准确时间,并在团队出发前一一落实,保存好OP发送的相关电子资料。

二、核对相关信息

领队的一个重要工作就是检查、核对相关资料。这些资料往往决定着游客是否能顺利出入境、能否登机等,虽然OP之前已经核对过,但领队是确保这些资料正确与否的最后一个环节,所以千万不可大意。

(一)检查护照

护照是一个国家的公民出入本国国境和到国外旅行或居留时,由本国发给的一种证明该公民国籍和身份的合法证件。护照(Passport)一词在英文中是口岸通行证的意思,是公民旅行通过各国国际口岸的一种通行证明。

护照是公民出境后唯一的合法身份证明,旅行社为客人所办理的机票、签证等都是以护照信息为准的。领队应持有游客的护照或护照复印件来核对机票、签证等信息,实际工作中领队会依据护照核对游客信息表,核对无误后将游客信息表作为资料核对对照表。领队在检查护照时应重点关注以下几个方面。

(1) 护照上的姓名、护照号码、性别、签发地、签发日期、有效期等是否与《出入境名单表》、签证、机票单上的一致。

(2) 护照有效期是否在半年以上。

(3) 护照上是否留有足够的空白页。

(4) 护照有无破损等。

案例

学《战狼2》护照上写字影响出境?

《战狼2》大火,结尾处护照封底上的一行字"中华人民共和国公民,当你在海外遭遇危险……"也随之流行。

项目二　领队出团前的准备工作

护照封底是否真的有这行字？如果没有，自己拿笔写上，会有什么后果？网络流传的"护照上被自行填写了这几行字而被拒绝出境"的事情，是否真的如此严重？

近日，网上开始流传一张奇特护照的照片：封底上，按照《战狼2》结尾的格式，写上那几行令许多观众热血沸腾的字："……在你身后，有一个强大的祖国！"原本只是电影中用以点题的桥段，却让某些入戏太深的观众信以为真。护照背后不能写字，祖国的强大可铭记在心。

北京市公安局出入境管理局副中队长孙婧说，类似这种在护照上涂抹，导致无法正常出入境的事情确实曾经出现过多次。"如果真的有人如此入戏，我怀疑他是不是误认为护照的封底反正没有签证页，更不需要在出入境的时候盖章，所以就觉得可以随便写点什么。"

在北京市公安局出入境管理局的接待窗口，民警们曾经处理过无数被污损、损坏的护照。最常见的就是涂抹、被水洗、被狗咬。"前不久有一个年轻妈妈，来的时候一脸要哭的表情。我一看她的护照，每一页上都画了一朵小花。"

孙婧说，这位"熊孩子他妈"准备去美国出差，护照提前准备了出来，出行日临近的一天，突然发现孩子正拿着水彩笔在她的护照上奋笔疾书，抢过来一看，前两页上画的小花已经涂好了颜色。

"还有的护照，来更换的时候，封皮都断开了，上面几个牙印，这都不用问，肯定是狗咬的。更有被洗衣机洗过一遍的，人民币被水洗还能用，护照可不行。这种装订着、印刷质量又非常好的证件，水流一卷，非常容易碎成渣子。"孙婧告诉记者，哪怕是有时护照放在抽屉里，某一个位置被压着，突然拿出来的时候撕掉了一个小角，也一样很可能在出境时遇阻。

以前的护照上，公民唯一允许动笔的就是签名部分，但现在都是申请人在办理护照的时候提前签好，由警方负责扫描到证件上。孙婧说，具体的法条上并没有明令禁止，说不能在上面写东西，但是按照一般的国际通行原则，"不建议书写任何东西"，一旦真写上了，由于各国边检的规定不一致，非常容易出现麻烦。

至于说"为何在封底空白部位写东西"也不行，民警解释说，护照不是论"页"的，而是作为一个整体的证件，任何一页上有污损或破损，都算整本证件的污损、破损。

孙婧说："护照不仅是个人身份的象征，它也是国家主权的体现。由于现在的国际形势，各国在出入国境、边境的检查上日益严格，所以不管是为了自己出入境方便还是从体现国家主权的角度，公民都有义务严肃认真地保管自己的护照。保管护照的时候，避免高温高湿强磁场，防火防盗防熊孩子。"

目前，出现护照污损、破损，唯一的补救方法是在出入境管理部门补领一本新的护照。一般需要10个工作日，如果公民符合加急的条件，可以在5~7个工作日内领取。但加急的条件比较严苛，一般只限于"开学日期临近；有效前往其他国家的签证或入境许可即将到期；探望危重病人或自己患有危重病需要就医；奔丧"。

(资料来源：《河南法制报》2017年8月27日)

【知识拓展】

护照种类

各国颁发的护照种类不尽相同。中国的护照分为外交护照、公务护照和普通护照，普通护照又分因公普通护照和因私普通护照。

外交护照主要发给副部长、副省长等以上的中国政府官员，党、政、军等重要代表团正、副团长，以及外交官员、领事官员及其随行配偶、未成年子女、外交信使等。

公务护照主要发给中国各级政府部门的工作人员、中国驻外国的外交代表机关、领事机关和驻联合国组织系统及其有关专门机构的工作人员及其随行配偶、未成年子女等。

因公普通护照主要发给中国国营企业、事业单位出国从事经济、贸易、文化、体育、卫生、科学技术交流等公务活动的人员、公派留学生、进修人员、访问学者及公派出国从事劳务的人员等。

因私普通护照发给定居、探亲、访友、继承遗产、自费留学、就业、旅游和其他因私人事务出国和定居国外的中国公民。

普通护照由中华人民共和国公安部负责签发。2007年1月1日《中华人民共和国护照法》颁布以前，普通护照分为因公普通护照与因私普通护照。普通护照是指发给一般公民(即平民百姓)使用的护照。公民因前往外国定居、探亲、学习、就业、旅行、从事商务活动等非公务原因出国的，由本人向户籍所在地的县级以上地方人民政府公安机关出入境管理机构申请普通护照。普通护照由公安部出入境管理机构或者公安部委托的县级以上地方人民政府公安机关出入境管理机构以及中华人民共和国驻外使馆、领馆和外交部委托的其他驻外机构签发。普通护照即因私普通护照。中华人民共和国因公普通护照主要颁发给各级政府、社会团体的一般工作人员和国有企事业单位因公出国人员。因公普通护照并非由公安部签发，而是由各地人民政府外事办公室负责接受申请和签发，其封皮为深棕色。中华人民共和国因私普通护照主要颁发给出国定居、探亲、访友、继承财产、留学、就业、旅游等因私事出国的中国公民，其封皮为暗红色。中国开始颁布施行《护照法》后，因公普通护照更名为公务普通护照，划归公务护照的范围内，并由原来的浅紫色封皮变为深棕色；而因私普通护照则更名为普通护照。

(资料来源：百度百科)

(二)检查签证

签证(Visa)是一个国家的主权机关在本国或外国公民所持的护照或其他旅行证件上的签注、盖印，以表示允许其出入本国国境或者经过国境的手续，也可以说是颁发给他们的一项签注式的证明。概括地说，签证是一个国家的出入境管理机构(例如，移民局或其驻外使领馆)，对外国公民表示批准入境所签发的一种文件。

签证通常是附载于申请人所持的护照或其他国际旅行证件上。在特殊情况下，凭有效护照或其他国际旅行证件可做在另一张纸上。随着科技的进步，有些国家已经开始签发电子签证和生物签证，大大增强了签证的防伪功能。无论哪种情况，领队都应该仔细检查以下内容。

1. 签证是否齐全

领队应该检查所有游客及领队自身是否都持有签证。并非所有的出境团都会在出发之前做好签证，有些国家对持有中国护照的中国公民执行落地签政策。落地签政策，是该国在入境口岸设置签证窗口，中国公民可以在到达该国入境口岸时当场提交资料办理签证，如泰国、越南、缅甸等。有些国家或地区，出入境口岸对持有中国护照的中国公民实行的是免签政策，即不需要签证，凭护照即可入境。

2. 签证是否有效

检查签证是否有效需要检查签证签发日期和截止日期以及签证是否已经使用，也就是签证的有效期、停留期和有效次数。

签证的有效期，是指从签证签发之日起到以后的一段时间内准许持有者入境的时间期限，超过这一期限，该签证就是无效签证。一般国家发给 3 个月有效的入境签证，也有的国家发给 1 个月有效的入境签证。有的国家对签证有效期限制很严，如德国只按申请日期发放签证。过境签证的有效期一般都比较短。检查签证的签发日期及截止日期，主要是防止出现行程还没有结束而签证已经到期或签发日期后于行程开始日期的情况。

签证的停留期，是指持证人入境该国后准许停留的时间。它与签证有效期的区别在于签证的有效期是指签证的使用期限，即在规定的时间内持证人可出入或经过该国。如某国的入、出境签证有效期为3个月，停留期为15天，那么，这个签证从签发日始3个月内无论哪一天都可以入、出该国国境，但是，从入境当日起，到出境当日止，持证人在该国只能停留15天。有的国家签发必须在3个月之内入境，而入境后的停留期为1个月；有的国家签证入境期限和停留期是一致的。如美国访问签证的有效期和停留期都是3个月，即在3个月内入境方为有效，入境后也只能停留3个月。签证有效期一般为1个月或者3个月；最长的为半年或者1年以上，如就业和留学签证；最短的为3天或者7天，如过境签证。

签证除了有效期、停留期之外，还规定有效次数，一般分为一次有效签证、两次和多次有效签证等。一次有效签证是指该签证在有效期内，使用一次就失效。两次有效签证，即在签证有效期内可以使用两次。多次有效签证，即在签证有效期内持照人可以多次出、入其国境。例如韩国5年多次签证、美国10年多次签证等。当然，签发何种签证、有效期限多长、有效次数多少，签证机关是根据入境申请者的具体情况决定的。例如，新马游需要两次入境马来西亚，马来西亚需要申请多次签证。

3. 签证信息是否正确

签证上的信息是否对应护照上的信息，如姓名、性别、出生日期等。需要特别注意签证上呈现的中文姓名拼音不论是否拼写正确，但是一定要和护照一致。

比较特别的一种情况是若本人形象变化较大，现有形象和签证上照片以及护照上照片出入较大，领队应提醒游客准备好其他证明身份的材料，如身份证或者医院整形证明。

任务2-1中澳大利亚一地游为团队签证，小敏应该仔细核对团队电子签证上游客个人信息是否和游客信息表一致、是否和游客护照一致。

【知识拓展】

签证种类

签证根据出入境情况可分为：出境签证、入境签证、出入境签证、入出境签证、再入境签证和过境签证六种类别。出境签证只许持证人出境，如需入境，须再办入境签证。入境签证即只准许持证人入境，如需出境，须再申办出境签证。出入境签证的持证人可以出境，也可以再入境。多次入出境签证的持证人在签证有效期内可允许入出境。

签证根据出入境事由常规可分为：外交签证、公务签证、移民签证、非移民签证、礼遇签证、旅游观光签证、工作签证、留学签证、商务签证以及家属签证等。每个国家的情况不一样。世界上大多数国家的签证分为：外交签证、公务(官员)签证和普通签证。中华人民共和国的签证主要有外交签证、礼遇签证、公务签证和普通签证四种类别，是发给申请入境的外国人。

签证根据时间长短分为：长期签证和短期签证。长期签证的概念是，在前往国停留3个月以上。申请长期签证不论其访问目的如何，一般都需要较长的申请时间。在前往国停留3个月以内的签证称为短期签证，申请短期签证所需的时间相对较短。

项目二 领队出团前的准备工作

签证依据入境次数可分为：一次入境和多次入境签证。
签证依据使用人数可分为：个人签证和团体签证。
签证依据为持有人提供的方便：口岸签证(落地签证)、另纸签证、互免签证、过境签证等。

口岸签证

口岸签证是指在前往国的入境口岸办理签证(又称落地签证)。一般来说，办理口岸签证，需要邀请人预先在本国向出入境管理部门提出申请，批准后，将批准证明副本寄给出访人员。后者凭该证明出境，抵达前往国口岸时获得签证。对外国公民发放口岸签证的国家，主要是西亚、东南亚、中东及大洋洲的部分国家。

另纸签证

另纸签证也是签证的一种形式，一般签证多为在护照内页上加盖签章或粘贴标签，而另纸签证是在护照以外单独签注在一张专用纸上，它和签注在护照上的签证具有同样的作用，但必须和护照同时使用。

互免签证

免签证是随着国际关系和各国旅游事业的不断发展，为便利各国公民之间的友好往来而发展起来的，是根据两国间外交部签署的协议，双方公民持有效的本国护照可自由出入对方的国境，而不必办理签证。互免签证有全部互免和部分互免之分。

过境签证

当一国公民在国际间旅行，除直接到达目的地外，往往要途经一两个国家才能最终进入目的地国境。这时不仅需要取得前往国家的入境许可，而且还必须取得途经国家的过境许可，这就称之为过境签证。关于过境签证的规定，各国不尽相同。不少国家规定，凡取道该国进入第三国的外国人，不论停留时间长短，一律需要办理签证。按照国际惯例，如无特殊限制，一国公民只要持有有效护照、前往国入境签证或联程机票，途经国家均应发给过境签证。

(三)检查《中国公民出国旅游团队名单表》

按照《中国公民出国旅游管理办法》的规定，《中国公民出国旅游团队名单表》(简称《出入境名单表》)是由国务院旅游行政管理部门统一印制，再由各省、自治区、直辖市旅游行政管理部门核发给组团社的。组团社组织安排出境旅游团队应填写《出入境名单表》。该表一式四联，分为出境边防检查专用联、入境边防检查专用联、旅游行政部门审验专用联、旅行社自留专用联。领队人员带团出境时，须携带《出入境名单表》第一联至第三联，在口岸出境时，将《出入境名单表》第一联、第二联交边防检查站核查，边防检查站在《出入境名单表》上加注实际出境人数并加盖验讫章后，留存《出入境名单表》第一联；《出入境名单表》第二联、第三联由领队人员保管，在团队入境时交边防检查站核查，边防检查站在《出入境名单表》上加注实际入境人数并加盖验讫章后，留存《出入境名单表》第二联，第三联由组团社在规定时间内交发放《出入境名单表》的旅游行政管理部门核对留存。

若 OP 移交团队资料里含有《出入境名单表》，领队应核对：①《出入境名单表》上是否包含团队所有成员的信息；②《出入境名单表》上的信息是否与护照一致；③《出入境名单表》是否盖章。

《关于启用 2002 年版〈中国公民出国旅游团队名单表〉的通知》规定：《出入境名单表》的审核工作由省级旅游局或经授权的地级以上城市旅游局负责。组团社必须按规定内容认真填写和使用《出入境名单表》。团队出境前，组团社须将《出入境名单表》送至其所在地有权审验的旅游行政管理部门审核盖章。

《出入境名单表》在旅游团出入境旅游中保证旅游团团进团出，在中国边检出入境时需要按照名单表排队接受检查，能够加强对出入境旅游人员的管理。随着自由行、个人签、落地签、免签等政策的开放，中国公民出境旅游的手续越来越简便，《出入境名单表》(见图 2-2)的身影在团队旅游中正在逐渐消失。

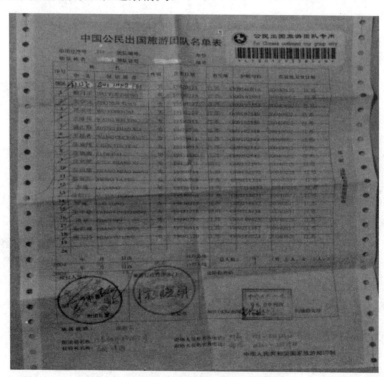

图 2-2　出入境名单表

(四)检查机票单

机票单是电子机票的凭证，一般办理出入境登机手续时，航空公司都会以机票单上的信息为准，故机票单上的游客信息务必准确。

(1) 乘机人的姓名、性别、护照号是否正确。有时机票单上没有护照号，但一定会有乘机人的姓名，姓名用拼音显示。

(2) 乘机日期、航空公司、航班号、航班起飞落地时间、起止机场是否与接待计划一致。

(3) 落实是否含有行李票、免费托运行李的件数及重量、是否有含简餐等(境外有些航空公司会把相关信息用代码显示在机票单上，尤其是境外廉价航空公司)。

领队拿到计划后，首要任务就是核对以上信息，当发现信息有误时，应第一时间反馈给 OP，必要时要配合 OP 解决相关问题。

任务 2-1 中，机票单上 4 号游客名字应为 JIANG/LI，而打成了 JIANG/LIN，这里如果出现任何错误，都会造成游客无法登机，小敏应该立即打电话向 OP 反馈错误信息并予以更改。

三、收集信息，做好预演

当领队核对完相关信息后，领队应对团队信息进行收集、整理和分析，并制定出带团思路、重点注意事项及相关应对措施。预演、推算是指领队在出发前，在大脑中或纸上将整个行程模拟一遍或数遍，特别是办理登机、办理出入境手续等环节，要反复推敲，并在模拟的过程中找到可能会发生突发事件的地方，尽量避免并制定相关处理方案。

(一)掌握客人基本信息

客人基本信息包括客人职业、性别比例、年龄层次、文化程度等，领队应熟悉团队客人信息并作出分析、归纳，主要体现在以下几方面。

(1) 记住旅游团的名称(团号)和人数以及家庭组成(可以按照家庭分成相关小组)。

(2) 了解旅游团队成员的姓名、性别、年龄、职业、宗教信仰、饮食禁忌、生活习惯等。

(3) 了解团内较有影响的成员、需要特殊照顾的对象和知名人士的情况。

任务 2-1 中通过游客名单可以分析团队基本情况，该团共有 12 人，其中 69 岁老年人有 1 位，50～60 岁的游客有 4 位，40～50 岁的游客有 5 位，30～40 岁的游客有 2 位，可以看出这个团整体比较年轻，但因为有 4 段飞行，而且 2 段为早班机，1 段为晚班机，且国际飞行时间较长，行程会比较辛苦，所以需要特别关注那位 69 岁老人的身体状况。团队共计由 5 个家庭组成，其中有一位游客单人报名，需要和领队小敏拼房，同时小敏也应多关照这位独自出行的游客。

(二)掌握行程基本信息

(1) 落实飞行时间、机型、行李免费托运件数及重量、有无飞机餐等。不同的航空公司、不同的线路对免费托运行李的规定会有所不同。如哪怕同样都是每人 23 公斤免费行李托运，有的航空公司没有规定行李箱件数，而有的航空公司则明确规定了每人只能托运一件行李箱。

(2) 了解酒店位置、设施、服务等。如酒店周边是否有便利店或超市、酒店是否有游泳池和健身房、酒店是否提供免费 Wi-Fi，酒店房间设施设备如何等(一般情况下，接待计划中都有酒店名称，领队可以在网上查到酒店的相关资料及口碑)。

(3) 了解旅游目的地基本概况，如地理位置、历史文化、民风民俗、经济政治、宗教信仰、相关法律、禁忌等，做好目的地概况介绍的导游词设计。

(4) 了解景区点的特点、城市与城市之间的距离、车程、接驳交通方式等，了解每日安排的景区参观和游玩项目，关注游玩注意事项和景区特色，能够解答游客疑问。

(5) 了解行程中的自费项目及购物项目。领队应对行程中的自费项目及购物项目有一个清晰的认知，如行程当中可推荐的自费项目的个数、自费项目的特点、收费情况、游览时间、安全系数及购物项目的次数、时间、地点、特色等。

对行程进行预演、推算，并根据掌握的基本情况作出最合适的带团方案及充分的准备，对行程中可能会出现的问题制定相应预案能大大提升游客旅游满意度。领队的工作经验一部分来自以往带团中遇到及解决的问题，另一部分来自出发前做好的预演、推算及相关准备和预案。

任务2-1中对行程进行推演时应注意行程第4天黄金海岸天堂农庄和第5天悉尼鱼市场参观均不含中餐，游客自行品尝当地农庄土菜和澳大利亚海鲜，领队应提前介绍相关饮食特色并告知大概的消费标准。其次，本行程含有购物安排，领队应落实购物补充协议是否签署，并能就各购物店商品特色向游客进行简单介绍。

工作任务二　召开行前说明会

思政案例导入

召开行前说明会前夕，小敏为了让游客能够准确有效地作好出行前准备，特地编写了一个出团短信提醒，内容如下：

各位贵宾你们好！欢迎参加4月4日出发的澳大利亚7日游。我是小敏，是本团的全程领队，手机号135744378××(微信同号)，请您惠存！请大家在出发之前详细阅读出团通知书，现将相关事项告知如下：

1. 请于4月4日15:30分在长沙黄花国际机场国际出发大厅4号门内集合，请大家务必准时，到了电话联系我！

2. 请带上身份证原件，以备出境时查阅，请持港澳护照的客人记得带上回乡证。如有自备澳大利亚签证的客人请打印你的签证出来，以备出境时查阅。

3. 请自备牙膏、牙刷、拖鞋、伞、防晒霜、泳衣及旅游应急药品(药品若无医生证明，有可能被澳大利亚海关没收)，老年朋友们建议自带保温瓶。

4. 澳大利亚正值秋季，但各地气温不等且早晚温差大，悉尼当天天气是19度到11度，墨尔本为13度到9度，黄金海岸为23度到18度，可能有雨，请携带合适衣物。

5. 凭身份证可在中国银行兑换澳币，银联卡与信用卡在澳大利亚使用很方便，且享受当时汇率，建议携带个人自己名下信用卡。

6. 水果制品、肉制品、蜂蜜、鸡蛋、奶制品、植物、中药材及散装茶叶(密封包装的茶叶除外)严禁携带入境。

项目二 领队出团前的准备工作

7. 航空公司规定每位乘客只能托运一件行李不超过 23kg，手提行李不超 7kg，各位在准备行李时如携带充电宝请和贵重物品一起随身放置，超过 100 毫升液体必须托运。

8. 中国手机开通国际漫游在澳大利亚使用非常方便。

9. 澳大利亚插座为中国式三脚扁插座，建议自备转换插座。

请大家认真阅读并转告家人，如有问题，请与我联系。祝旅途愉快！(收到请回复)

【案例解析】行前说明会是领队和游客直接沟通的第一步，现阶段绝大部分团队的行前说明会都在线上举行，游客在短时间接收的信息量是巨大的，不能很好地抓住要点。小敏及时梳理重点，并且制作成信息发送给游客，方便了游客出行前准备，并且起到了很好的提醒作用，做到了从游客出发，提供耐心细致的服务，体现了领队的职业素养。

任务目标

小敏拿到计划，迅速联系团队游客，组建微信群，并按照公司要求，准备和游客召开线上行前说明会。小敏该完成哪些工作呢？

任务实施

请每个小组将任务实施的步骤和结果填写到活页的任务单 2-2 中。

任务评价考核点

(1) 能召开行前说明会并和游客进行有效沟通。
(2) 能解答游客的疑问。

任务指导

《旅行社出境旅游服务质量》(2002 年)和《旅行社出境旅游服务规范》(2015 年)规定：在旅行社组织游客出境旅行、访问前必须召开行前说明会。

会议召开的时间一般是由旅行社作出决定并通知游客，领队一般是行前说明会的主讲，所以行前说明会也是领队和游客在出发前的见面会。

游客在出行前都会拿到一份内容详细的出团通知书，但由于出团通知的信息量比较大，很多客人并不会仔细阅读。召开行前说明会时，领队可以将重要事项告知游客并对客人提出的相关疑问进行解答。

【知识拓展】

《旅行社出境旅游服务质量》关于行前说明会的规定

行前说明会

出团前，组团社应召开出团行前说明会。在会上，组团社应做如下工作。

(1) 向旅游者说明出境旅游的有关注意事项，以及外汇兑换事项与手续等。

(2) 向旅游者发放《出境旅游行程表》、团队标识和《旅游服务质量评价表》。

(3) 相关的法律法规知识以及旅游目的地国家的风俗习惯。

(4) 向旅游者翔实地说明各种由于不可抗力/不可控制因素导致组团社不能(完全)履行约定的情况，以取得旅游者的谅解。

《出境旅游行程表》应列明如下内容。

(1) 旅游线路、时间、景点。

(2) 交通工具的安排。

(3) 食宿标准/档次。

(4) 购物、娱乐安排以及自费项目。

(5) 组团社和接团社的联系人和联络方式。

(6) 遇到紧急情况的应急联络方式。

《旅行社出境旅游服务规范》关于行前说明会的规定

行前说明会

出团前，组团社应召开出团行前说明会。在会上，组团社应向旅游者做如下工作。

(1) 重申出境旅游的有关注意事项，以及外汇兑换事项与手续等。

(2) 发放并重点解读根据《旅游产品计划说明书》细化的《行程须知》。

(3) 发放团队标识和《游客旅游服务评价表》。

注：参照 LB/T 009—2011 附录 D 给出的参考样式。

(4) 翔实地说明各种由于不可抗力/不可控制因素导致组团社不能(完全)履行约定的情况，以取得旅游者的谅解。

《行程须知》除细化并如实补充告知《说明书》中交通工具的营运编号(如飞机航班号等)和集合出发的时间地点以及住宿的饭店名称外，还应列明以下几项。

(1) 前往的旅游目的地国家或地区的相关法律法规知识和有关重要规定、风俗习惯以及安全避险措施。

(2) 境外收取小费的惯例及支付标准。

(3) 组团社和接团社的联系人和联络方式。

(4) 遇到紧急情况的应急联络方式(包括我驻外使领馆的应急联络方式)。

一、行前说明会的内容

(一)旅游交通的安排及相关注意事项详细告知

(1) 机场集合时间、集合的航站楼等。

(2) 航班号、起飞及落地时间、飞行时长、有无飞机餐等。

(3) 行李托运相关注意事项、行李安检知识、免费托运额度等。

(二)旅游目的地行程安排如实介绍

(1) 行程天数、游览的国家、地区、城市、景点、游览的时间及游览的注意事项等。
(2) 团队的分房情况及酒店的环境、星级、名称、设施、是否提供免费 Wi-Fi 等。
(3) 当地餐食的习惯、口味、用餐环境等。
(4) 当地的交通接驳、车程、路况等。
(5) 当地购物环境、特产、行程中自费项目的安排等。

(三)目的地与国内生活不同的地方重点说明

(1) 货币汇率、兑换方法、物价水平等。
(2) 当地通用的电压及插座。
(3) 当地与中国的时差。
(4) 道路通行方向。

道路通行方向可分为车辆靠道路左侧行驶和靠道路右侧行驶两类。

中国大陆实行的是左舵驾驶,即车靠右行驶。而有些国家如日本、泰国、澳大利亚等国家实行的是右舵驾驶,即车行方向为左侧,与国内完全相反。游客到这些地方旅游,由于没有适应此交通规则极易发生交通安全事故。

(5) 即时通信问题。

一般通过三种途径来解决即时通信问题。第一种是拨打长途电话,这需要手机开通国际漫游业务,具体开通方式需要询问当地信息运营商。境外拨打国内手机号码的拨打方式是:中国区号(0086)+需要拨打的手机号码。

第二种方法是使用 Wi-Fi。随着移动 Wi-Fi 的普及,越来越多的游客使用微信、QQ 等即时通信软件与国内亲人联系。因此,中国移动、中国电信、中国联通等运营商都推出了境外流量包(使用者也需要开通国际漫游业务),游客如不想开通国际漫游,也可以租用随身 Wi-Fi 机。Wi-Fi 的使用极大地降低了通信费用。

第三种方法是购买当地的电话卡。这种方法不需要开通国际漫游或持有额外的设备,操作简单、方便,无论是打电话还是使用 Wi-Fi,价格都很低廉,信号也不错。

(6) 相关风俗习惯及法律法规、国家政体、宗教信仰等。

不同的目的地国家有不同的风俗习惯,法律规定也不相同,领队应就游客容易遇到或者冒犯的地方重点提醒,如泰国不能赌博、欧洲酒店房间不能煮食方便面、新加坡不能嚼口香糖等。

(四)出、入境相关注意事项特别提醒

领队应重点告知游客中国和目的地国出入境、海关、边检(移民局)、卫生检验检疫的流程、注意事项及所需要携带的证件,并对游客携带行李品类给出一定建议。

特别需要注意的是，中国游客的购买力全球瞩目，但因为很多游客并不清楚相关海关规定，以至于回国时常常面临高额的海关补税或罚没等处罚，故领队在出发前必须向游客讲清中国海关相关政策规定，特别是前往日本、韩国、欧洲、美国等购物发达的目的地国家和地区，一定要着重提醒。

【知识拓展】

关于免税额度

海关总署公告2010年第54号《关于进境旅客所携行李物品验放标准有关事宜》规定：为进一步增强海关执法透明度，方便旅客进出境，明确进境旅客行李物品征免税规定，规范和统一海关验放标准，现就有关事项公告如下。

一、进境居民旅客携带在境外获取的个人自用进境物品，总值在5000元人民币以内(含5000元)的；非居民旅客携带拟留在中国境内的个人自用进境物品，总值在2000元人民币以内(含2000元)的，海关予以免税放行，单一品种限自用、合理数量，但烟草制品、酒精制品以及国家规定应当征税的20种商品等另按有关规定办理。

二、进境居民旅客携带超出5000元人民币的个人自用进境物品，经海关审核确属自用的；进境非居民旅客携带拟留在中国境内的个人自用进境物品，超出2000元人民币的，海关仅对超出部分的个人自用进境物品征税，对不可分割的单件物品，全额征税。

三、有关短期内多次来往旅客行李物品征免税规定、验放标准等事项另行规定。

关于免税烟酒限量：

《海关总署令第58号》规定：香港、澳门地区居民及因私往来香港、澳门地区的内地居民，免税香烟200支，或雪茄50支，或烟丝250克；免税12度以上酒精饮料限1瓶(0.75升以下)。其他旅客，免税香烟400支，或雪茄100支，或烟丝500克；免税12度以上酒精饮料限2瓶(1.5升以下)。对不满16周岁者，不享受上述免税额度。

关于货币现钞限量：

中国公民出入境、外国人入出境每人每次携带的人民币限额为20000元。

出境人员携带不超过等值5000美元(含5000美元)的外币现钞出境的，海关予以放行；携带外币现钞金额在等值5000美元以上至10000美元(含10000美元)的，应向外汇指定银行申领《携带证》，携带超过等值10000美元的外币现钞出境，应向外汇局申领《携带证》。

(资料来源：中国海关官网)

(五)其他事项

(1) 交代文明旅游及安全旅游注意事项。

(2) 回答游客的提问，给出中肯建议。

(3) 签署相关文件，如说明会签到表、物品申领表、安全提示告知书等。

二、行前说明会中领队注意事项

这是领队首次与客人见面,是领队在客人面前树立起专业、热情的职业形象最关键的一步。领队应该认真对待说明会,尤其注意以下几个方面。

(一)提前到达会场或者线上

领队比预定时间提前 30 分钟到达会场,并对会场设备进行检查及相关服务进行落实。如需要使用音响、灯光、投影等设备需要提前落实检查,同时也要根据预估人数准备茶水、资料、座椅等。

由于出境旅游团队大部分为散客拼团,且个人工作忙碌、生活节奏快、时间不充裕等原因,实地召开行前说明会的概率愈来愈低,大部分旅游团队采取线上召开行前说明会。得益于及时通信软件的发达,线上沟通越来越方便,线上说明会受到了很多中青年游客的欢迎,但领队应该注意若团队里面有老年人,应注意其家庭成员是否参与线上行前说明会,是否能准确传达相关信息,若不能,领队应电话联系老年游客,并告知相关事项。

部分行程简单,目的地国家或地区政策便利的团队会在机场集合时才召开简要行前说明会,在游客出发之前,领队会通过出团短信提醒游客注意事项。发送出团提醒短信,可以再次告知相关注意事项,提醒游客行装准备,无论是否已经召开行前说明会,短信或者微信提醒逐渐成为领队出发前必需工作。

(二)制作精美的 PPT 展示

行前说明会除了交代相关的旅游注意事项外,也可勾起游客对旅行的期待,通过精美的图片展示能够激发游客对旅游目的地的兴趣。

在时间充裕的情况下,领队可以制作精美的 PPT 帮助展示行前说明会内容,效果更佳。

(三)以良好的精神面貌出席

首次见面,领队留给游客的印象是很重要的。领队应该给人留下阳光、干练、开朗、热情的职业形象。女领队应化职业淡妆,男领队不蓄长发、胡须,不穿过于暴露、另类的服装及使用夸张的饰品,不染头发、不暴露文身,注意个人卫生,身上不留异味等。

在与游客交流沟通的过程中要做到耐心、细心,回答客人问题时一定要耐心,并给出明确回答,如不能当场回答的,要做好记录,落实后再告知游客。对于注意事项要反复多次交代,每次交代都要听到游客的反馈。

三、行前说明会的补救

难免有游客因为个人原因本人无法来或安排同行代表来参加行前说明会,领队应对这些游客采取补救措施。一方面给未能出席的游客打电话,简明扼要地对行前说明会的重点内容进行说明,并将会议记录以短信或微信等形式发给其阅读;另一方面将需要补充签署的文件及应发给游客的物品让其他人带给该游客。

工作任务三　团队资料及领队行装准备

思政案例导入

2018年8月自中国传出第一个非洲猪瘟案例,立即让东南亚国家对猪瘟疫情提高警觉及关注。泰国卫生署在2019年1月15日向泰国政府旅游局发了最新公告,即日起凡任何人携带生、熟猪肉及所有猪肉制品入境而没有泰国卫生署的事先书面批准,均属违法。

【案例解析】各国的入境政策并非一成不变,根据国际形势会出现新的规定,领队应注意关注相关新闻,和领队圈同行沟通分享目的地信息,避免造成工作被动。出境行装准备是游客个人事务,领队不会直接参与,但是领队有责任和义务提醒游客目的地国家的相关规定,并根据个人经验给出实用恰当的建议,做到心中有游客,提供细心而温暖的服务。

任务目标

4月3日,小敏开始整理行装,准备开启澳大利亚七日游的工作,小敏将团队资料再次整理了一遍,并且整理好了个人行装。请问在这个过程中,小敏要注意哪些事项?

任务实施

请每个小组将任务实施的步骤和结果填写到活页的任务单2-3中。

任务评价考核点

(1) 能快速地准备和核查团队必须资料。
(2) 能有针对性地准备好个人行装。

任务指导

为确保行程顺利,领队在出发前应进行最后的准备工作。领队要利用出发前这段时间进行资料收集、核对、完善、归纳等工作,同时也要准备好自己的行装。

一、完善团队相关资料

(一)填写入(离)境卡、海关申报单等资料

领队有一项重要工作就是协助游客填写入(离)境卡和海关申报单,一般条件允许的情况

下可以在行前准备时完成，没有目的地国家出入境卡储备的可以在国际航班上完成！

大部分国家入境时需要提交入境卡，离境时同样需要提交离境卡。入境卡和离境卡往往是印在一起的，也有的是分开的。一般来说，在飞机上，空乘人员会发放入(离)境卡，即使没有发放，在机场办理入境的柜台前也会摆放，由入境旅客自行领取。很多国家游客入境时还需向海关部门交付海关申报单。

一方面由于目前中国游客英文水平普遍不高，尤其是很多年龄较大的游客无法自行完成填写；另一方面为了节省填写时间，避免不必要的麻烦和误会，所以很多领队会在出发前帮助游客填好基础内容。

填写入(离)境卡和海关申报单时需要特别注意以下几项。

(1) 如实填写相关信息。反复检查填写的内容。

(2) 只可代填写基础信息，如姓名、性别、护照号、航班、入境口岸等。领队无法查证的信息如是否被其他国家拒签、是否有犯罪记录、是否携带违禁物品等需要与游客进行充分说明、解释后，方可以代替其填写。

(3) 领队不能代替客人签名。所有签名处应由客人自己签名，并在签名前，领队必须如实告知相关内容。

任务2-3中，小敏需要填写澳大利亚入境卡，如下图2-3所示。入境卡要求原件，在澳大利亚入境移民局关口常备，在飞往澳大利亚的国际航班上也会提供，为了方便越来越多的中国游客，澳大利亚移民局准备了中文版本的入境卡，领队要做一个有心人，经常前往的旅游目的地国家可以储存一定量的出入境卡，方便提前填写。

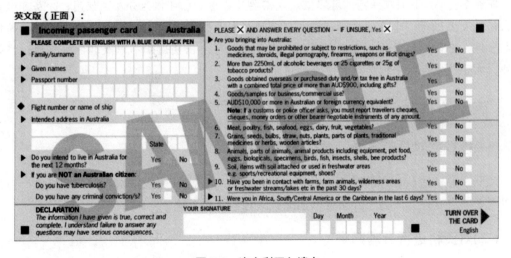

图2-3　澳大利亚入境卡

英文版（反面）：

图 2-3　澳大利亚入境卡(续)

(二)备份团队信息资料

备份使用频率比较高的资料：如游客信息表、分房表等几乎每天都要使用，容易导致资料破损、遗失或不够填写等，所以领队在出发前还需多准备几份。

备份签证等重要资料：护照、签证是出行的重要凭证，领队在出发前应对护照和签证进行扫描或者拍照留存，以备不时之需。

保存好相关电子文档：如团队电子签、机票信息单、游客信息表等，领队应保管好电子文档，方便境外旅游过程中随时查阅。

任务 2-3 中，小敏应注意：游客信息表需要多备份，也可作为分房表使用，分房可以直接在信息表上进行，于备注栏标记即可。其他的机票信息单、团队签证、酒店预订单等保存电子件，全团游客护照信息页拍照保存在手机即可。出团通知书以及其他补充协议携带原件，电子件保存在手机里，方便随时查阅。

二、再次检查和归类资料

(一)检查资料是否齐全、是否准确

领队在领取团队计划的时候就对资料进行过核对，出发前应再次核对。这样做一方面可以对资料进行检查，另一方面可以加深领队对客人的了解。

(二)对资料进行合理归类

领队携带大量团队资料，需要对资料进行科学的归类，方便寻找使用。我们一般按三种方式进行归类。

(1) 按使用的先后时间进行归类。
(2) 按使用的频率进行归类。如把经常使用的资料归为一类(如游客联系表、分房表、

行程单等)、把不经常使用或只使用一次的资料归为一类(如机票单、出入境名单表、游客意见表等)。

(3) 按资料的性质进行归类。如把必须给到游客的资料(入境卡、个签、护照等)归为一类、把领队自己用的资料归为一类(联系表、分房表、行程计划书等)、把由领队交给相关部门查验的资料(出境名单表、团签、机票单等)归为一类。

当然,不管按哪种方法归类,目的都是当领队需要某种资料时能以最快的速度找到。

三、其他团队资料准备

(一)关注及时信息

领队在出行前应着重了解目的地国家近期发生的新闻事件、关注当地天气变化等时事消息,做到实时提醒,同时对重点环节及衔接工作再次进行预演、推敲,做到心中有数、运筹帷幄。

(二)护照排序贴签

领队清点好游客护照后,一般会在每本护照的封面页上贴不干胶标签贴,上面标注团队成员编号和游客姓名,护照编号应与团队名单表上或者游客信息表上的顺序一致。护照排序贴签,方便领队工作的开展,在出团时护照清点、发放以及游客点名时使用,无须翻开护照内页,即可迅速辨识。同时让游客熟悉自己的团队编号,在通关、办理登机等手续进行队列排序时可做到人人心中有数,行动有条不紊。

四、领队的行装准备

领队的行装主要由带团必备物品、工作辅助物品、个人生活用品三项组成,如图 2-4 所示。需要注意的是,领队的行装应以少而精为主,尽量做到轻装上阵。

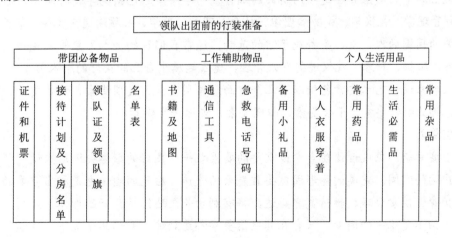

图 2-4　领队的行装准备

(一)带团必备物品

(1) 护照、签证、机票单等。
(2) 行程单、出团通知、分房表、游客名单表及其他辅助说明文件。
(3) 出入境名单表,出、入境卡。
(4) 导游身份标识牌、旗杆、旗子。

(二)开展工作的辅助物品

(1) 通信用品,如手机、充电宝、境外电话卡等。
(2) 便签条、笔、标签、皮筋、胶水等文具。
(3) 预备不时之需的小礼品。

(三)个人生活用品

(1) 个人服饰、生活必备用品,如衣服、鞋子、充电器、转换插头、少量当地货币等。
(2) 常用药品、防护品,如雨伞、防晒霜、太阳镜、个人药品等。

【知识拓展】

个人形象管理

俗话说,"人靠衣服马靠鞍",人与人之间的沟通所产生的影响力和信任度,是来自语言、语调和形象三个方面。它们的重要性所占比例是:语言占 7%;语调占 38%;视觉(即形象)占 55%,由此可见形象的重要性。有人这样形容,良好的形象是美丽生活的代言人,是走向人生更高阶梯的扶手,是进入成功神圣殿堂的敲门砖。实际上,保持良好的自我形象,也是对自己、对他人的尊重。

广义上的个人形象管理是一门新兴的综合性的学科,它包括美学、时尚学、形象设计学、色彩管理学、礼仪学、成功心理学、社会心理学、哲学、人际沟通交流等。甚至与"个人"相关的周围的人、景、事都属于它的范畴。通常我们说的个人形象管理是指,通过对个人衣着、服饰、妆容、礼仪进行有效管理,建立起属于自己的良好的个人形象。

个人形象设计艺术要素包括以下几个方面:体型要素、发型要素、化妆要素、服装款式要素、饰品配件要素、个性要素、心理要素、文化修养要素。

体型要素

体型要素是形象设计诸要素中最重要的要素之一。良好的形体会给形象设计师施展才华留下广阔的空间。完美的体形固然要靠先天的遗传,后天的塑造也是相当重要的。长期的健体护身、饮食合理、性情宽容豁达,将有利于长久地保持良好的形体。体型是很重要的因素,但不是唯一的因素,只有在其他诸要素都达到统一和谐的情况下,才能得到完美的形象。

在做个人形象设计的时候，应注意服饰色彩与体形的搭配，色彩在实际应用时，还应注意膨胀与收缩的视觉感受。一般情况下，纯度高的颜色带给人膨胀的感觉，纯度低的颜色带给人收缩的感觉；明度高的颜色带给人膨胀的感觉，明度低的颜色带给人收缩的感觉。

发型要素

随着科学的发展、美发工具的更新，各种染发剂、定型液、发胶层出不穷，为塑造千姿百态的发型式样提供了年龄、职业、头型和个性，而发型的式样和风格又将极大地体现出人物的性格及精神面貌，符合个人形象特色的发型还能够修饰脸型，使人显得更年轻时尚。

化妆要素

化妆是传统、简便的美容手段，化妆用品的不断更新，使过去简单的化妆扩展到当今的化妆保健，使化妆有了更多的内涵。"浓妆淡抹总相宜"，从古至今人们都偏爱梳妆打扮，特别是逢年过节、喜庆之日，更注重梳头和化妆，可见化妆对展示自我的重要性。淡妆高雅、随意，彩妆艳丽、浓重。施以不同的化妆，与服饰、发式和谐统一，将更好地展示自我、表现自我，化妆在形象设计中起着画龙点睛的作用。

服装款式要素

服装造型在人物形象中占据着很大视觉空间，因此，也是形象设计中的重头戏。除了选择服装款式、颜色、材质，还要充分考虑视觉、触觉与人所产生的心理、生理反应。服装能体现年龄、职业、性格、时代、民族等特征，同时也能充分展示这些特征。当今社会，人们对服装的要求已不仅限于整洁保暖，而且增加了审美的因素。专业的形象打造需要在了解服装的款式造型设计原理，以及服装的美学和人体工程学相关知识的前提下，将服装的设计元素在形象设计中运用得当，使人的体型扬长避短，整体形象更符合个人所处的场合与社会角色需要。

饰品配件要素

饰品、配件的种类很多，颈饰、发饰、手饰、胸针、帽、鞋、包、袋等都是人们在穿着服装时的搭配单品。由于每一类配饰所选择的材质和色泽的不同，设计出的造型也千姿百态，能恰到好处地点缀服饰和人物的整体造形，充分体现人的穿着品位和艺术修养，使灰暗变得亮丽，使平淡增添韵味。

个性要素

在进行全方位包装设计时，要考虑一个重要的要素，即个性要素。目光、微笑、站、坐、行、走都会流露出人的个性特点。只有当"形"与"神"达到和谐时，才能创造一个自然得体的新形象，忽略人的气质、性情等个性条件，一味地追求穿着的时髦、佩戴的华贵，只能打造出不符合个人特质的形象。

心理要素

人的个性有着先天的遗传和后天的塑造，而心理要素完全取决于后天的培养和完善。高尚的品质、健康的心理、充分的自信，再配以服饰效果，是人们迈向事业成功的第一步。

文化修养要素

人与社会、人与环境、人与人之间是有着相互联系的,在社交中,谈吐、举止与外在形象同等重要。良好的外在形象是建立在自身的文化修养基础之上的,而人的个性及心理素质则要靠丰富的文化修养来调节。具备了一定的文化修养,才能使自身的形象更加丰满、完善。

在形象设计中,如果将体形要素、服饰要素比作硬件的话,那么文化修养及心理要素则是软件。硬件可以借助形象设计师来塑造和变化,而软件则需靠自身的不断学习和修炼。"硬件"和"软件"合二为一时,才能达到形象设计的最佳效果。

(资料来源:360图书馆)

跨越千山万水,眼中有星辰大海的领队,是旅途中一道靓丽的风景线,也是游客的审美对象之一,干练、稳重、阳光、豁达、得体是职业领队的外包装,良好的形象管理也是领队的必修课。

项 目 小 结

这一项目主要让学生了解领队行前准备工作的要点,掌握出境旅游团队资料的内容,掌握行前说明会的内容和要点,了解行装准备技巧,为后续工作的开展打好基础。

思考与能力训练

一、简答题

1. 领队拿计划时包括哪些文件?检查文件时应注意哪些问题?
2. 护照、机票等为什么需要复印件?复印件与原件可否放在一起?
3. 行前说明会的内容有哪些?

二、实训题

案 例	特 点	小 组
澳大利亚	澳大利亚黄金旅游线路	教师示范
德国—法国—意大利—瑞士	欧洲黄金旅游线路	一组
新加坡—马来西亚—泰国	亚洲黄金旅游线路	二组
加拿大—美国	北美洲黄金旅游线路	三组
巴西—阿根廷	南美洲黄金旅游线路	四组
南非—肯尼亚探险之旅	非洲黄金旅游线路	五组

各学生小组根据本组选定的目的地国家,完成以下任务。
1. 制作出团通知书。
2. 模拟召开行前说明会。
3. 制作团队资料和行前准备速查表。

项目三

中国出境和他国入境工作

【教学目标】

知识目标：掌握团队出入境流程；掌握国际航班的乘机手续办理；掌握团队出入关口的相关规定；掌握出入境表格和海关申报单的填写。

能力目标：能和游客进行有效沟通；学会收集整理相关信息；能召开机场说明会；能准确填写出入境的相关表格。

素质目标：培养学生与游客沟通的能力，培养学生的语言表达能力，培养学生对突发事件的处理能力。

【关键词】

机场说明会　出入境通关　出入境卡填写

工作任务一　团队集合

思政案例导入

2019年1月5日，中国除夕，领队王小明带队前往巴厘岛跨年，黄花机场团队集合时间为18:00。王小明因为时间估算错误，又恰逢回家赶年夜饭的市内交通高峰，结果迟到了30分钟，遭到游客投诉。

【案例解析】该案例中，领队没有考虑到特殊时间段的交通高峰，导致机场集合迟到，给游客的第一印象较差，且时间仓促，给后续的乘机手续和通关手续等工作开展带来不便。领队要有非常强的责任心，团队出发前应该做好预演，细心考虑各个环节，树立耐心细致的工匠精神。

任务目标

2018年4月4日15:00，××旅行社领队小敏来到了长沙黄花国际机场4号门国际出发厅，进门后首先跑到了电子显示屏前查看自己的航班值机柜台，然后找了一个离柜台比较近的休息区等候游客的到来。

小敏拿到出团通知书，请思考以下问题。

(1) 小敏提前了几个小时到达机场？为什么？

(2) 小敏到达机场后客人到达前要做哪些准备工作呢？

(3) 小敏集合客人后应该做些什么？

任务实施

请每个小组将任务实施的步骤和结果填写到活页的任务单3-1中。

任务评价考核点

(1) 能处理游客迟到、取消行程等特殊情况下行程的变动。

(2) 能召开机场说明会并和游客进行有效沟通。

任务指导

一、团队集合

一般情况下，旅行社出境团队操作人员会在出团通知书上写明出发集合的时间和地点，领队和销售人员会提前通知游客机场集合时间。出发前一天，领队会以短信形式再次告知游客集合的时间和地点、出团注意事项并做好提醒工作。领队在通知游客集合时间时，要充分考虑到各种因素，留出较充足的机动时间。

任务 3-1 中小敏带的团队是一个散客拼团，游客在机场集散，要求提前 3 个小时到达机场。国际航班提前 2 个小时办理手续，剩余的一个小时主要是留给领队开行前说明会和提醒通关注意事项、收集客人相关证件等。该团队是到澳大利亚旅游，需要提前送签，护照在旅行社由领队统一领取保管，不需要收取证件。该团飞机起飞时间是 18:30，要求客人在 15:30 集合是完全必要的。

(一)领队到达

团队出发当天，领队应当比规定时间至少提前 15 分钟赶到机场、车站、码头等出境口岸的集合地点。到达集合地点后，领队需要选择游客容易认找的地方作为集合的地点，举起导游旗或者团队信息牌，方便游客认找。同时保持手机始终开启，随时关注游客的微信和来电，了解游客抵达的即时信息。

任务 3-1 中小敏是在 15:00 抵达机场，在团队集合时间之前半小时到达，可以在游客到达之前做好相应准备。首先可以通过电子显示屏或者问询台知晓航班状态和值机柜台，同时利用客人到达之前的时间可以再次检查携带的游客护照以及签证情况等，在等候时需要随时关注游客到达情况！

(二)游客签到

当游客陆续到达时，领队应拿出团队名单表给抵达的游客签到。领队在点名称呼游客姓名时，需注意礼貌用语，如"张三先生""李四女士"等，同时注意眼神交流和微笑招呼，要在短时间内做到互相熟悉、记住游客姓名，以方便后期工作的开展。

在临近规定集合时间时仍有游客未抵达，领队需要主动联系，确认游客位置，预计抵达时间，做好预案，不耽搁整体团队行程。

(三)特殊情况处理

1. 游客迟到

在规定时间内游客未能抵达机场集合处，原因多种多样，交通堵塞、意外事故、游客个人原因等，游客迟到的相关问题处理是领队必须面对和掌握的。

尽管领队提前告知游客准时到达机场，但还是经常会有游客在机场集合时迟到。旅行社要求提前 3 小时到达，领队在机场完全有应变时间，这种情形下，领队可以先召开机场说明会，安排机场服务，并等候迟到客人。如果已经到了办理乘机手续的时间，游客还没有按时抵达，这时候领队应该相机行事：如领队持有所有游客的护照，此时可以拿着游客护照直接办理登机牌，边办理边等候游客。在等候过程中，将行李托运注意事项告知迟到的游客。另一种情况是护照还在游客手中，领队需要和柜台值机人员协商，让迟到游客单独办理，领队先办理其他游客的登机手续，安排其他游客办理行李托运等，这样可以保证团队有足够的通关时间。

2. 游客取消

游客取消行程有两种情况，一种是主动取消，原因有可能是迟到赶不上飞机、突发事故无法按时抵达、没有携带护照及相关证件等；另一种是被动取消，如目的地国拒签、护照污损失效、个人被限制出入境等。处理这种情况时领队应该保存好相关文字、图片以及录音资料等，以便后期处理时有据可凭。同时应立即告知旅行社OP，办理团队手续时应该主动告知航空公司以及边检工作人员取消的游客姓名。

二、召开机场说明会

在全体团员集合完毕后，领队需要在机场召开机场说明会，告知游客所要办理的手续和相关注意事项。

任务3-1中，小敏集合游客之后，首先，需要在机场组织游客开一个简短的机场说明会，因前期已经召开过线上行前说明会，机场说明会内容较简单，小敏应着重介绍通关流程以及注意事项和托运注意事项；其次，如有游客还需要兑换外币、租赁Wi-Fi或者购买国外电话卡等可为其提供相应协助；再次，如需要代表旅行社收取团款尾款等相关费用，也可利用该时间段处理。

(一)机场说明会的必要性

召开机场说明会尤为必要，一方面机场说明会是对之前行前说明会的一个补充和强调，另一方面对于之前没有参加行前说明会的游客来说这是一次弥补的机会。同时这也是领队和游客相处的开始，是建立领队与游客良好关系的非常重要的环节。成功的机场说明会能够保证游客在行李托运和海关边检通关时顺利完成，避免浪费时间，有利于构建良好的团队氛围，增强团队凝聚力。

(二)机场说明会的内容

1. 旅游目的地介绍

关于旅游目的地的介绍主要是对本次行程的介绍，一来和客人核对行程，避免后期因为行程不一致而产生问题；二来给游客介绍目的地国家或者地区的概况以及与中国的文化差异，可以让游客对旅游目的地有一个大概了解；三来可以提醒一些目的地国家或者地区旅游的注意事项，避免一些不必要的麻烦和问题。

2. 再次告知游客航空公司的诸项规定

领队应该清楚航空公司对乘机旅客的相关规定，并再次提醒游客，在游客办理乘机手续之前，对一些可能出现的问题进行告知。一是行李托运的标准注意事项，俗称"211"事项：2种必须托运物品包括超过100毫升的液体(包括各种乳状和胶状物品)和各种刀具等锋利物品，1种必须丢弃的物品即游客的打火机，1种必须随身携带的物品即所有的锂电池。二是航空公司的行李规定，主要包括免费行李的重量、行李托运件数和随身携带行李规定。每家航空公司在相关方面规定稍有不同，领队需要提前问询了解并告知游客，避免游客出现行李重复托运和开包检查的情况。三是航空公司的其他规定，主要包括座位选取和餐食提供等，有些航空公司的餐食和选座是需要另行付费的，需要提前告知游客，避免不必要的争执。

关于民航旅客携带"充电宝"乘机规定的公告

充电宝是指主要功能用于给手机等电子设备提供外部电源的锂电池移动电源。根据现行有效的国际民航组织《危险物品安全航空运输技术细则》和《中国民用航空危险品运输管理规定》，旅客携带充电宝乘机应遵守以下规定。

一、充电宝必须是旅客个人自用。

二、充电宝只能在手提行李中携带或随身携带，严禁在托运行李中携带。

三、充电宝额定能量不超过100Wh，无须航空公司批准；额定能量超过100Wh但不超过160Wh，经航空公司批准后方可携带，但每名旅客不得携带超过两个充电宝。

四、严禁携带额定能量超过160Wh的充电宝；严禁携带未标明额定能量，同时也未能通过标注的其他参数计算得出额定能量的充电宝。

五、不得在飞行过程中使用充电宝给电子设备充电。对于有启动开关的充电宝，在飞行过程中应始终关闭充电宝。

上述规定同时适用于机组人员。

本公告自公布之日起施行。

附：充电宝额定能量的判定方法

民航局

2014年8月7日

附：

充电宝额定能量的判定方法

若充电宝上没有直接标注额定能量Wh(瓦特小时)，则充电宝额定能量可按照以下方式进行换算。

1. 如果已知充电宝的标称电压(V)和标称容量(Ah)，可以通过计算得到额定能量的数值：

$$Wh= V \times Ah$$

标称电压和标称容量通常标记在充电宝上。

2. 如果充电宝上只标记有毫安时(mAh)，可将该数值除以1000得到安培小时(Ah)。

例如：充电宝标称电压为3.7V，标称容量为760 mAh，其额定能量为：

$$760 \text{ mAh} \div 1000 = 0.76 \text{Ah}$$

$$3.7\text{V} \times 0.76\text{Ah}=2.9\text{Wh}$$

(资料来源：中国民航局官网)

3. 出入关口的流程以及注意事项

出中国关口以及入他国关口的手续是游客出国旅游需要非常注意的方面，这也是机场说明会需要重要介绍的环节。中国出关主要包括卫生检疫、海关、边检，也就是俗称的"通三关"，除此之外，还需要通过安检。他国入境一般也要过边检移民局和海关。在机场说明会中需要强调海关注意事项，如禁止携带生鲜食品、烟酒携带有严格规定等；另外需要强调边检通关注意事项，如不能拍照摄像、不能抽烟和大声喧哗等；最后还需要提醒安检注意事项，如充电宝的容量和生产厂家都必须有清晰标志并需要拿出面检等。

三、机场相关服务

(一)收取护照、照片、余款

在机场，领队要根据团队情况收取护照、照片，一般做落地签的国家需要收取客人护照和照片，领队也会在团队出发前以短信和电话形式通知游客携带相关证件与照片。另外，有时候还有代收款，代收款一般都是杂费或者签证费等，也在此时完成。

任务3-1中，澳大利亚提前送签，不需要照片，护照已经由旅行社统一交给小敏，但是根据游客信息表提示，小敏应该收取4位游客团款尾款共计4000元整。

7	刘丕英	LIU PIYING	F	1968/7/9	湖南	G59228546	湖南 2012/10/09	2022/10/8		
8	彭洁	PENG JIE	F	1963/7/7	湖南	G59221333	湖南 2013/03/11	2023/3/10	13080654896	大家庭，现收尾款4000元
9	伍丽娟	WU LIJUAN	F	1948/7/26	湖南	E63608677	湖南 2013/08/30	2023/8/29		
10	肖艳	XIAO YAN	F	1977/11/26	湖南	G56257076	湖南 2007/09/10	2019/9/9		

(二)协助换取外币、租赁Wi-Fi、购买境外电话卡等

领队在机场还可以协助游客换取外币、租赁Wi-Fi、购买境外电话卡，现在的国际机场相关服务非常完善，一般推荐游客自行购买。

出国旅游兑换外币全攻略

工作任务二　办理乘机手续

思政案例导入

五一黄金周期间，领队马先生带一个"澳大利亚七日游"的旅游团一行32人，乘澳航从上海飞往悉尼，在上海通过海关检查时受阻：领队马先生新买的一支大牙膏和一瓶头发定型水被海关没收，一位患风湿病的老人拿了7瓶医院熬制的液体中药，也不能随身携带上飞机。领队的东西被没收无话可说，而老太太急得要哭了。海关人员请老人出示医生处方或病历及医院证明，老人均拿不出上述证明。无论怎么说情都无效，老人家由于着急，情绪失控哭喊着说花了1万多元一定要上机。最后，海关检察官找到领队，让他帮助老人到机场服务处将其中6瓶中药用坚硬的材料包装好，再与办理托运行李柜台的工作人员商量，将托运的行李找出来，把包装好的中药打在行李里，重新托运。老太太随身携带一瓶中药上机。

请问：该案例的发生，主要责任人是谁？发生本次案例，有哪几方面的原因？该如何避免此种情况的发生？

【案例解析】该案例中，领队不熟悉航空公司关于行李携带和托运规定，且没有提醒游客，负有不可推卸的责任。领队应该做个有心人，提前了解落实相关规定，避免该类事故发生，给团队带来不必要的麻烦，影响游客旅游满意度。该案例中，游客因为患病必须携带中药，领队应关心爱护游客，了解特殊情况下携带药品的手续和流程，积极主动提供有爱心的服务和温暖的关怀。

任务目标

16:30，领队小敏拿着所有游客的护照来到团队值机柜台给团队游客办理乘机手续。小敏从资料袋里面拿出了一些资料，地勤人员审核过后，开始给小敏打印游客登机牌。

请问：小敏需要提供哪些资料给柜台工作人员？

任务实施

请每个小组将任务实施的步骤和结果填写到活页的任务单3-2中。

任务评价考核点

(1) 能顺利地办理团队乘机手续。
(2) 能指导协助游客办理行李托运。

任务指导

按照《旅行社出境服务质量标准》规定："领队应积极为旅游团队办妥乘机和行李托运

的有关手续",领队在带领出境旅游团队时,应当在机场为游客提供相应的服务。

一、集体办理乘机手续

通常航空公司对旅游团有"团队"值机专用柜台,领队可以为团队统一办理乘机手续,打印登机牌。领队在航空公司值机专用柜台前的工作如下。

(一)交验护照以及相关资料

领队需要事先收取所有游客的护照,准备好团队签证、电子机票单等,到所搭乘的航空公司的值机专用柜台前,交验全部资料,打印登机牌。在收取护照之时,应该有意识地将小孩、老人与其家人的护照放置一起,并向地勤人员说明情况,争取座位安排在一起。对于座位已经排好的航班需要向该类游客说明情况,飞机上相机调整。

办理完登机牌后,值机专用柜台的工作人员会将登机牌、护照交还领队。领队需要在柜台当面清点登机牌及护照的数量。

任务3-2中,小敏带领的是澳大利亚七日游,机场需要查验澳大利亚电子签证纸质件,另外需要查验回程机票。小敏应该提前准备好相关团队资料或者电子信息资料,并提供给地勤人员查验,等待工作人员打印团队游客登机牌。

长沙黄花国际机场大部分国际航班可以办理团队手续,领队可以把团队的登机牌一次打印出来,然后分发给游客办理个人托运,但是也有些机场有些航空公司需要个人办理,这时候领队需要带领团队办理个人乘机手续,并在旁提供协助。

案 例

小敏带领团队前往新加坡、马来西亚,因为客人临时增加,导致团队签证在出发前一天才从大使馆寄往长沙。下午3点机场集合,小敏却是在中午时分才拿到团队30人的护照和新加坡电子签证,因为时间紧张,小敏只能匆匆检查护照、新加坡电子签证、机票单、出团通知书、游客信息表等团队资料是否齐全,之后便赶往机场。在打印登机牌的过程中,地勤人员发现两位游客的马来西亚签证照片与护照个人信息照片不符,经反复核对发现两人马来西亚签证照片正好贴错了,于是不予发放登机牌。请问:小敏该怎么办?

【案例解析】在办理乘机手续过程中,领队会遇到一些突发状况,导致团队手续办理不顺,最常见的情况是机票信息错误,也会出现签证信息错误的个例。该案例较特殊的是拿到团队资料时间和团队出发时间临近,导致领队没有时间核查资料,容易出现疏漏。

1. 机票信息错误

领队发现机票信息错误,需要联系OP并反馈情况,旅行社可以联系航司在售票终端平台修正游客信息,小敏在等待处理结果时可以先办理其他游客的手续。

2. 签证信息错误

签证信息错误也偶有发生,原因是多方面的,有可能是旅行社工作人员工作疏漏,也

项目三　中国出境和他国入境工作

有可能是在大使馆出签过程中出了差错。这类问题往往在旅游旺季容易出现。该案例中有两位游客的马签相片互相贴错，签证信息与护照信息不符，航空公司查验认为该签证无效，不予办理乘机手续，是符合相关工作流程的，如旅行社协调无果，该游客将会被迫取消行程。

该案例中游客马签照片贴错虽然是大使馆出现了疏漏，不是旅行社的责任，领队也不能轻视，小敏需要安抚游客，耐心解释并说明原因，并及时联系公司，由公司工作人员接手处理并做好相关后续工作。

(二)办理行李托运

领队将团队游客集中，再次提醒行李托运注意事项，分发登机牌和护照，并引导游客带好各自需要托运的行李在值机柜台前依次排队办理托运手续。现在行李托运都是实名个人托运，领队需要提醒游客保管好行李票据，尤其不能帮陌生人携带任何物品，如有需要边防海关查验的物品，应该主动告知领队并提交查验之后方可办理托运。

二、单独办理乘机手续

并非所有的航空公司都可以由领队统一办理乘机手续，有些航空公司规定游客个人各自办理登机牌并进行行李托运，或者由迟到的游客独自办理登机手续。在这种情况下，领队需要带领游客来到航空公司值机专用柜台前，让游客自行办理乘机手续，领队需要从旁协助，解答游客疑问，帮助处理相关问题。

全球各航空公司行李规定

在办理乘机手续和行李托运过程中，领队需要随时关注时间，应留有足够的时间通关，以免因为通关排队时间过长而影响团队乘机甚至误机。通常领队要安排先办完托运手续的游客通关，领队需要等待最后一名游客办完乘机手续后方办理自身通关手续。

工作任务三　带领团队通关

思政案例导入

2015年7月25日，一浙江游客陈某在南京禄口机场出境时携带了65万欧元现钞，在申报时刻意隐瞒，在填写《出入境旅客行李物品申报单》"是否携带超过限额的外币现钞"一栏中填写了"无"，属未如实申报。请问该游客的行为是否违规，是否应受到处罚？为什么？

【案例解析】该游客已违规，南京海关对其违规行为做出处理，陈某受到警告，同时被处以100万元罚款。经航空口岸出入境的旅客都要填写《出入境旅客行李物品申报单》。该单除要填写一些基本数据外，还明确规定：若旅客携带超过2万元人民币现钞或超过折合5000美元外币的现钞等则需要申报。该旅客不仅携带现钞数额巨大，而且刻意隐瞒，属严重违规，受到处罚是必然的。领队应该提醒并严肃告知游客遵守中国出入境相关法律规定，提醒游客自觉遵纪守法，维护国家法律尊严，是一个中国公民应尽的义务。

任务目标

17:20，小敏团队顺利地办完了登机手续和行李托运，在国际出发口集合了团队之后，小敏带领团队依次通关。请问小敏需要通过哪些关口，工作中应该注意什么？

任务实施

请每个小组将任务实施的步骤和结果填写到活页的任务单3-3中。

任务评价考核点

(1) 能协助游客完成海关申报。
(2) 能带领游客顺利地通过边防检查。

任务指导

《旅行社出境旅游服务规范》对领队应当提供的"出入境服务"提出了相关规定：领队应告知并向旅游者发放通关时应向口岸的边检/移民机关出示/提交的旅游证件和通关资料(如出入境登记卡、海关申报单等)，引导团队依次通关；向口岸的边检/移民机关提交必要的团队资料(如团队名单、团体签证、出入境登记卡等)，并办理必要的手续。

一、通过中国海关

领队带领团队通过中国海关时，需要注意是否需要进行海关申报，如有申报物品需走红色通道。领队应该提醒团队游客将所有随身携带的物品都过机检查，拿回行李后迅速离开，切勿滞留。领队一般在团队最后通过。

领队需要了解海关的各项规定，针对团队情况，做到专业提醒，保证团队顺利通关。

(一)了解中国海关的各项规定

1. 红色通道与绿色通道

外交及礼遇签证旅客，或国家给予免验待遇携带无须向海关申报物品的中国旅客可由绿色通道通过海关。

以下情况或以下类型的旅客应当经红色通道通关：携带海关限量及应征税物品的；有人、物分离进、出境的；携有物品、货物、货样以及其他需办理出境验放手续物品的；未携带应复带出、入境物品的；携带外币、金银及其制品而又未获得有关出境或已超过限量的。

2. 中国海关部分限制进出境物品

1) 旅行自用物品

照相机、收录机、摄影机、摄录机、文字处理机，每种一件。超出范围的，需向海关如实申报，并办理有关手续。经海关放行的旅行物品，旅客应在回程时复带出境。

2) 金、银及其制品

旅客携带金、银及其制品入境应以自用合理数量为限，超过50克的，应填写申报单，向海关申报；复带出境时，海关凭本次入境申报的数量核放。在中国境内购买的金银及其制品，海关验凭中国人民银行制发的"特种发票"放行。

3) 外汇

2003年8月28日，发布《携带外币现钞出入境管理暂行办法》：5000美元无须申领《携带外汇出境许可证》，海关予以放行；5000美元以上至10000美元的应向指定银行申领《携带证》。海关凭加盖外汇指定银行印章的《携带证》验放。除特殊情况外，出境人员原则上不得携带超过等值10000美元的外币现钞出境。

4) 人民币

2005年1月1日起，人民币限量20000元。

5) 文物(含已故现代著名书画家作品)

旅客携带出境的文物，须经中国文化行政管理部门鉴定。携运文物出境时，必须向海关详细申报。对在境内商店购买的文物，海关凭中国文化行政管理部门钤盖(钦盖)的鉴定标志及文物外销发货票查验放行；对在境内通过其他途径得到的文物，海关凭中国文化行政管理部门钤盖的鉴定标志及开具的许可出口证明查验放行。未经鉴定的文物，不得携带出境。携带文物出境不据实向海关申报的，海关将依法进行处理。

6) 中药材、中成药

游客携带中药材、中成药出境，前往国外的，总值限人民币300元；寄往国外的中药材、中成药，总值限人民币200元；寄往港澳地区的中药材、中成药，总值限人民币100元。入境旅客出境时携带用外汇购买的、数量合理的自用中药材、中药，海关凭有关发货票和外汇水单放行。麝香以及超出上述规定限值的中药材、中成药不准出境。

7) 旅游商品

入境旅客出境时携带的用外汇在我国境内购买的旅游纪念品、工艺品，除国家规定应申领出口许可证或者应征出口税的品种外，海关凭有关发货票和外汇水单放行。

3. 中国海关部分禁止出境物品

内容涉及国家机密的手稿、印刷品、胶卷、照片、唱片、影片、录音(像)带、CD、VCD，计算机储存介质及其他物品，珍贵文物，所有禁止进境的物品、濒危、珍贵动物、植物及其标本、种子和繁殖材料等，都属于中国海关禁止出境的物品。

《中华人民共和国海关进出境旅客行李物品申报单》见图3-1。

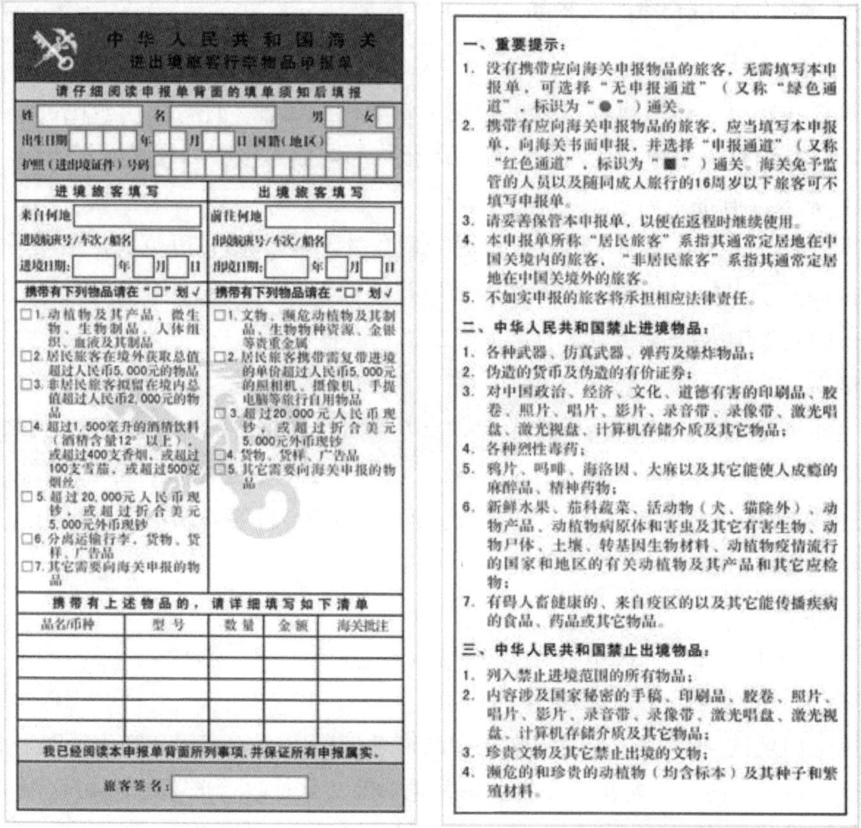

中华人民共和国海关
进出境旅客行李物品申报单

请仔细阅读申报单背面的填单须知后填报

姓　名　男　女
出生日期　年　月　日 国籍（地区）
护照（进出境证件）号码

进境旅客填写	出境旅客填写
来自何地	前往何地
进境航班号/车次/船名	出境航班号/车次/船名
进境日期：　年　月　日	出境日期：　年　月　日
携带有下列物品请在“□”划√	携带有下列物品请在“□”划√
□1. 动植物及其产品、微生物、生物制品、人体组织、血液及其制品	□1. 文物、濒危动植物及其制品、生物物种资源、金银等贵重金属
□2. 居民旅客在境外获取总值超过人民币5,000元的物品	□2. 居民旅客携带需复带进境的单价超过人民币5,000元的照相机、摄像机、手提电脑等旅行自用物品
□3. 非居民旅客拟留在境内总值超过人民币2,000元的物品	□3. 超过20,000元人民币现钞，或超过折合美元5,000元外币现钞
□4. 超过1,500毫升的酒精饮料（酒精含量12°以上），或超过400支香烟，或超过100支雪茄，或超过500克烟丝	□4. 货物、货样、广告品
□5. 超过20,000元人民币现钞，或超过折合美元5,000元外币现钞	□5. 其它需要向海关申报的物品
□6. 分离运输行李，货物，货样，广告品	
□7. 其它需要向海关申报的物品	

携带有上述物品的，请详细填写如下清单

品名/币种	型号	数量	金额	海关批注

我已经阅读本申报单背面所列事项，并保证所有申报属实。

旅客签名：

一、重要提示：

1. 没有携带应向海关申报物品的旅客，无需填写本申报单，可选择“无申报通道”（又称“绿色通道”，标识为“●”）通关。
2. 携带有应向海关申报物品的旅客，应当填写本申报单，向海关书面申报，并选择“申报通道”（又称“红色通道”，标识为“■”）通关。海关免予监管的人员以及随同成人旅行的16周岁以下旅客可不填写申报单。
3. 请妥善保管本申报单，以便在返程时继续使用。
4. 本申报单所称“居民旅客”系指其通常定居地在中国关境内的旅客，“非居民旅客”系指其通常定居地在中国关境外的旅客。
5. 不如实申报的旅客将承担相应法律责任。

二、中华人民共和国禁止进境物品：

1. 各种武器、仿真武器、弹药及爆炸物品；
2. 伪造的货币及伪造的有价证券；
3. 对中国政治、经济、文化、道德有害的印刷品、胶卷、照片、唱片、影片、录音带、录像带、激光唱盘、激光视盘、计算机存储介质及其它物品；
4. 各种烈性毒药；
5. 鸦片、吗啡、海洛因、大麻以及其它能使人成瘾的麻醉品、精神药物；
6. 新鲜水果、茄科蔬菜、活动物（犬、猫除外）、动物产品、动植物病原体和害虫及其它有害生物、动物尸体、土壤、转基因生物材料、动植物疫情流行的国家和地区的有关动植物及其产品和其它应检物；
7. 有碍人畜健康的、来自疫区的以及其它能传播疾病的食品、药品或其它物品。

三、中华人民共和国禁止出境物品：

1. 列入禁止进境范围的所有物品；
2. 内容涉及国家秘密的手稿、印刷品、胶卷、照片、唱片、影片、录音带、录像带、激光唱盘、激光视盘、计算机存储介质及其它物品；
3. 珍贵文物及其它禁止出境的文物；
4. 濒危的和珍贵的动植物（均含标本）及其种子和繁殖材料。

图 3-1　中华人民共和国海关进出境旅客行李物品申报单

(二)办理海关申报

领队在带领团队游客经过海关时，需要进行下列工作：①告知游客中国海关禁止携带出境的物品。②请携带无须向海关申报物品的游客从绿色通道穿过海关柜台，进入等候。③领队带领携带有向海关申报物品的游客从红色通道到海关柜台前办理手续。

如有游客需要进行海关申报，领队要向海关柜台索取海关申报单并指导游客填写。游客携带填写好的《中华人民共和国海关进出境旅客行李物品申报单》以及申报的物品，走红色通道，提交申报单，进行实物查验后，盖章予以放行。领队需要提醒申报游客保管好该申报单，以便回国入境时海关查验。

需要注意的是，有些物品申报之后只能托运，不能随身携带，领队在机场说明会时应该强调并提醒游客提前进行申报再办理托运手续，以免误机。

二、通过卫生检疫

领队应该了解国家卫生检疫的有关规定，《中华人民共和国国境卫生检疫法》第八条规定：“出境的交通工具和人员，必须在最后离开的国境口岸接受检疫。”

入境和出境的微生物、人体组织、生物制品、血液及其制品或者其他可能引起传染病传播的动物等特殊物品的携带人、托运人或者邮递人必须向卫生检疫机关申报并接受卫生检疫，未经检疫机关许可，不准入境、出境。海关凭检疫机关签发的特殊物品审批单放行。团队出发之前，领队需主动观察了解游客的身体状况，有异常情况及时了解，必要时报告相关部门。

出入境游客携带物品要注意检疫规定

三、通过边防检查

通过中国边防检查是游客跨出国门的象征，团队通过中国边检时领队应该提交相应的团队签证资料、团队名单表以及领队证等进行查验，游客需要提交护照查验，排队依次通过。通过中国边防检查时，护照上会盖上出境日期戳印，领队要提醒游客检查护照上的印章(如若通过电子检查，则护照上没有印记)。

通过中国边防检查时需要遵照边检工作人员指挥，排队通过，边检口禁止拍照和大声喧哗，领队应该提醒游客。领队应最后出境。

在游客出境之时，会出现边检不予放行的情况。我国现行法律规定，对下列情况的人限制出境。

(1) 刑事案件的被告人或者犯罪嫌疑人。
(2) 有未了结民事案件的人。
(3) 有触犯中国法律行为尚未处理，经有关主管机关认定需要追究的人。
(4) 未持有效证件或者持用他人的出境证件，以及持有伪造或者涂改的出境证件的人。出现这种情况，领队需及时通知旅行社，并协助游客取出托运行李，联系地接社，取消游客在目的地国的行程。

关于护照的10个冷知识，出国旅行必看！

四、通过安全检查

我国机场实行国际上通用的安全检查方法。所有的乘机旅客，无论是外交人员、政府部长还是首脑，无一例外都需要通过安全检查。检查方式包括：①搜身；②用磁性探测器近身检查；③过安检门；④物品检查；⑤用红外线透视仪器检查。

安全检查的内容主要包括：查验证件、检测行李、检查人体。查验证件就是安检人员逐一检查每一个旅客的身份证、机票和登机牌，查验核对后，才能在登机牌上加盖查验印记。检测行李是指旅客将随身携带的小件行李放在检测机传送带上接受X光检查，一旦检查结果被认为可疑或不确定，安检人员有权让旅客打开行李接受仔细查看。检查人体是指让旅客通过门式金属探测装置接受检查，同时，旅客要将身上携带的钥匙、眼镜盒、打火机、收音机、计算器、手机等金属物品放在检查人员提供的盘子里以供检验。这些检查过程要求是严格谨慎的，安检人员要严格地按照有关规定检测，不能有丝毫马虎。

【知识拓展】

国际机场安全检查须知

一、根据2017年1月1日起执行的《民用航空安全检查规则》

旅客及其行李物品的安全检查包括证件检查、人身检查、随身行李物品检查、托运行李检查等。安全检查方式包括设备检查、手工检查及民航局规定的其他安全检查方式。旅客不得携带或者在行李中夹带民航禁止运输的物品，不得违规携带或者在行李中夹带民航限制运输的物品。民航禁止运输物品、限制运输物品的具体内容由民航局制定并发布。

二、旅客有效乘机身份证件的种类

中国大陆地区居民的居民身份证、临时居民身份证、护照、军官证、文职干部证、义务兵证、士官证、文职人员证、职工证、武警警官证、武警士兵证、海员证，香港、澳门地区居民的港澳居民来往内地通行证、台湾地区居民的台湾居民来往大陆通行证；外籍旅客的护照、外交部签发的驻华外交人员证、外国人永久居留证；民航局规定的其他有效乘机身份证件。

十六周岁以下的中国大陆地区居民的有效乘机身份证件，还包括：出生医学证明、户口簿、学生证或户口所在地公安机关出具的身份证明。

三、禁止随身携带和托运的物品

根据2017年1月1日起执行的中国民用航空局[第6号公告]要求：

《民航旅客禁止随身携带和托运物品目录》

(一)枪支等武器(包括主要零部件)

能够发射弹药(包括弹丸及其他物品)并造成人身严重伤害的装置或者可能被误认为是此类装置的物品。

(二)爆炸或者燃烧物质和装置

能够造成人身严重伤害或者危及航空器安全的爆炸或燃烧装置(物质)或者可能被误认为是此类装置的物品。

(三)管制器具

能够造成人身伤害或者对航空安全和运输秩序构成较大危害的管制器具。

(四)危险物品

能够造成人身伤害或者对航空安全和运输秩序构成较大危害的危险物品。

(五)火种

禁止旅客随身携带打火机、火柴(包括各类点火装置)乘坐民航飞机。

禁止旅客将打火机、火柴放置在手提行李中运输。

禁止旅客将打火机、火柴放置在托运行李中运输。

旅客在办理乘机手续时，严格遵守以上规定。对违反规定的行为，公安机关将根据情节，依照国家有关法律、法规严肃处理，且因此造成的其他后果，由旅客自行承担。

项目三　中国出境和他国入境工作

(六)其他物品

其他能够造成人身伤害或者对航空安全和运输秩序构成较大危害的物品,主要包括以下几种。

(1) 传染病病原体,如乙肝病毒、炭疽杆菌、结核杆菌、艾滋病病毒。

(2) 额定能量超过160Wh的充电宝、锂电池(电动轮椅使用的锂电池另有规定)。

(3) 酒精含量大于70%的酒精饮料。

(4) 强磁化物、有强烈刺激性气味或者容易引起旅客恐慌情绪的物品以及不能判明性质可能具有危险性的物品。

四、禁止随身携带但可以作为行李托运的物品

(一)锐器

该类物品带有锋利边缘或者锐利尖端,由金属或其他材料制成的、强度足以造成人身严重伤害的器械,主要包括以下几种。

(1) 日用刀具(刀刃长度大于6厘米),如菜刀、水果刀、剪刀、美工刀、裁纸刀。

(2) 专业刀具(刀刃长度不限),如手术刀、屠宰刀、雕刻刀、刨刀、铣刀。

(3) 用作武术文艺表演的刀、矛、剑、戟等。

(二)钝器

该类物品不带有锋利边缘或者锐利尖端,由金属或其他材料制成的、强度足以造成人身严重伤害的器械,主要包括:棍棒(含伸缩棍、双节棍)、球棒、桌球杆、板球球拍、曲棍球杆、高尔夫球杆、登山杖、滑雪杖、指节铜套(手钉)。

(三)其他

其他能够造成人身伤害或者对航空安全和运输秩序构成较大危害的物品,主要包括以下几种。

(1) 工具,如钻机(含钻头)、凿、锥、锯、螺栓枪、射钉枪、螺丝刀、撬棍、锤、钳、焊枪、扳手、斧头、短柄小斧(太平斧)、游标卡尺、冰镐、碎冰锥。

(2) 其他物品,如飞镖、弹弓、弓、箭、蜂鸣自卫器以及不在国家规定管制范围内的电击器、梅斯气体、催泪瓦斯、胡椒辣椒喷剂、酸性喷雾剂、驱除动物喷剂等。

(资料来源:www.njiairport.com/guide/56.html)

工作任务四　隔离区和飞机上的服务

思政案例导入

2009年春节期间,大连某公司19名员工共同组成家庭旅游团参加大连市某旅行社组织的泰港七日游。因天气原因,大连—曼谷的飞机推迟了起飞时间,这引起了游客极大的不满,经导游劝说后同机其他游客登机待飞,而这19人则拒绝登机,最终造成他们出国未成。

事后这19名游客起诉该旅行社，要求旅行社返还全部费用，并偿付违约金和案件受理费。一审判决游客胜诉，旅行社不服提出上诉。二审依法作出改判，终审认定，旅游合同在已经开始履行的情况下未能得到全面履行的根本原因在原告而不在被告，因此19名游客应承担此案的民事责任。

【案例解析】旅游是多要素综合性活动，因此经常会受到像航班延误等非旅行社所能控制的因素干扰。在这种情况下，旅游者所能做到的就是尽可能使所受损失减小，而不是像这19名游客那样将损失扩大，最终导致无法成行。由此可见，旅游中发生纠纷责任也并非全要归咎于旅行社，游客维权过度、固执己见也是造成纠纷的一大原因。领队应提供有温度的柔性服务，耐心、温和、有效地沟通，严肃、认真地提醒相关规定，始终心中有游客，不忘肩上有责任。

任务目标

小敏带领团队成功地通过关口，进入隔离区，即将飞往澳大利亚，在隔离区和飞机上，小敏还要完成哪些工作呢？

任务实施

请每个小组将任务实施的步骤和结果填写到活页的任务单3-4中。

任务评价考核点

(1) 会填写各种出入境卡和表格。
(2) 能提醒游客隔离区购物规定。

任务指导

一、隔离区服务

候机隔离区是指根据安全需要在候机楼内划定的供已经安全检查的出港旅客等待登机的区域。各出境港口隔离区一般提供免税店、餐饮、旅游纪念品等商业服务，出境游客在候机过程中会在隔离区消费，领队应提醒相关注意事项，并确保游客按时登机。

(一)注意登机时间及登机口有无变更

领队带领团队进入隔离区后应该将团队带领至对应登机口，再次强调飞机起飞时间以及集合登机时间，并提醒游客注意听广播，听清楚登机时间和登机口是否有变更。

领队应该关注登机口的电子显示牌，注意是否有变更，一旦变更要及时通知游客。如果游客在登机前30分钟还没有到达指定区域，领队应该寻找或通过其他方式取得联系，以免误机。

(二)机场其他的服务

1. 免税店购物服务

机场免税店因价格优势颇受游客青睐,游客在候机闲暇时会有购物的要求。领队要提醒客人注意随身携带的行李不要丢失,保管好手中的登机牌和护照等证件;同时领队要着重强调和告知目的地国入境规定,提醒游客购买物品如烟酒等不要超过规定。

若在他国转机,领队要提醒客人不要购买数量较多的液体商品和其他限制入境的物品。国际联程航班大多行李直挂,也就是说,航空公司可将行李直接搬运到下一班的联航飞机上。而旅客中转时仍需通过安全检查并扫描随身物品。如此一来,上一站免税店中采购的液体商品,超过了限额就得额外办理托运,会增加出行麻烦。

2. 其他生活服务

机场一般都是无烟区,客人若有吸烟的要求,领队应协助客人寻找吸烟区。带婴儿的客人领队要给予特别关照,若有需要,领队要告知育婴室(Nursery)的具体位置。飞机延误时应安排好游客的餐饮等服务。空闲时应多和游客交流,介绍目的地国家,满足游客的好奇心,提升旅游满意度。总之,领队应该随时关注游客需求并提供针对性服务。

(三)引导登机

1. 等待登机公告

大约在飞机起飞前半小时,机务人员会宣布登机时间。登机分步进行的,分组/部分(字母指定)或者根据行/座位,提醒客人核对各自的登机牌,按照要求登机。领队应告知客人自己的座位号,方便客人找寻。

2. 提醒客人检查登机牌

登机开始,飞机乘务人员在入口查验登机牌。领队应提醒游客准备好护照和登机牌以备查验,查验完毕后提醒游客保管好护照和登机牌存根联以及粘贴在护照或者登机牌上的行李票据。

3. 确认游客顺利登机

登机开始后,领队应确认全团客人均已登机后,方可登机;领队可向登机口工作人员了解尚未登机的客人,以确保本团客人没有漏乘,如有客人未登机,应立即联系客人,避免客人贻误登机。

【知识拓展】

登机广播的中英文对照

前往＿＿①的旅客请注意：

您乘坐的＿＿②次航班现在开始登机。请带好您的随身物品，出示登机牌，由＿＿④号登机口上飞机。〔祝您旅途愉快。〕谢谢！

Ladies and Gentlemen，may I have your attention please:

Flight＿＿② to＿＿① is now boarding. Would you please have your belongings and boarding passes ready and board the aircraft through gate NO. ＿＿④. 〔We wish you a pleasant journey .〕Thank you.

课堂实训：请根据出团通知书，填写上面空白处内容。

(四)航班延误后的服务

如果得知航班延误，领队应当立即与航空公司沟通，获取相关的信息，并做好游客的安抚工作；如果航班取消，领队应立即联系旅行社 OP，报告团队所处情况，尽可能更换到原定航班最近的航班。在等待过程中，应协助航空公司地勤人员做好游客食宿安排等工作。

二、飞机上的服务

办理完中国方面的全部出境手续后，直到抵达目的地国家(地区)，办好入境手续、与当地导游会合之前，领队始终是独自对出境旅行社派出的整个旅游团队负责。出境旅游的空中飞行时间通常较长，少则一两个小时，多则十多个小时或二十多个小时，领队应充分利用机上的时间，对团队进行熟悉。在这段时间内，领队可以从事的事情包括：对接待计划再次预习，对游览城市之间的衔接、转换尤其注意；对行程中所涉及的不熟悉的景点进行预习；对中国出境时发生的一些问题以及游客反馈意见及时记录；与游客交谈，融洽关系等。

《旅行社出境旅游服务质量》当中规定：飞行途中，领队应协助机组人员向旅游者提供必要的帮助和服务。可见，乘坐飞机期间，领队尚不能只顾自己休息，还必须考虑到领队的工作身份，为游客提供帮助和服务。

(一)为游客提供乘机当中的诸项帮助

1. 协助游客调换座位和摆放行李

因航空公司常常会按照旅客姓氏的字母顺序发放登机卡，所以游客当中一家人拿到的登机卡上的座位号多会不在一起。登机后，领队应当尽可能地帮助游客调换座位。领队应帮助游客之间相互协商，尽量能让游客的家庭成员坐在一起。如果领队协商其他乘客较麻烦，也可寻求空乘人员的帮助。需要注意的是，调换座位应该是在飞机起飞平稳后再换，避免登机时通道堵塞和混乱。领队自己的座位,以靠近中间通道为妥,方便领队照顾游客。

登机后,协助客人把行李放在头上的行李架内。提醒客人最好是交叉放,如客人坐在靠过道左边的位子上,行李就放在过道右边上方的行李舱内,保持在视线范围内,加强安全防护。

2. 关照游客的特殊用餐要求

领队在飞机起飞后可以去客人身边走走,看看有什么需要协助解决的问题。团队当中如果有在用餐方面有特殊要求的游客,如清真餐、素食者餐、儿童餐等,领队应当及早与机上空乘人员进行沟通。

对有特殊用餐要求的游客在出发前的行前说明会上领队应该已有统计,并在航空公司网站上进行过预订,领队对此应该做到心中有数,此时无须再向游客询问。空乘人员送来饮料时,如游客不清楚或不知道如何要什么饮料,领队也应起身为游客提供帮助。帮助时应先轻声询问游客,再向空乘人员转告,尽量避免游客心生不快。

3. 熟悉飞机上的救生设备

领队应当熟悉飞机上救生设备的使用和安全门的设置,登机后认真听取空乘人员的讲解演示。一旦空中飞行期间发生意外,领队首先须自己懂得如何使用救生设备及开启安全门,并在需要时给团内游客进行讲解。

4. 回答游客的其他提问

飞行当中,游客最常问的问题就是抵达时间、目的地的天气以及目的地国家(地区)最值得看的景观等。领队应当随时保持清醒的头脑,认真看飞机上电视屏幕的显示,记住抵达时间和待飞行时间,一旦有客人询问,立刻回答。这样可以留给游客领队干练和头脑清醒的印象,对领队产生信任感。

(二)帮助游客填写入境的表格与海关申报单

飞机在抵达目的地前,为了方便旅客入境,一般会在飞机上发给每位旅客一张(有的一式两份)入境卡。旅客按表格中要求的内容逐项填写清楚,然后夹在护照中,待入境时一起交给口岸检查人员。

入境卡的内容主要包括旅客姓名、性别、出生年月日、国籍、护照号码、发照日期、有效期至、发照机关、发照地点、入境目的、停留时间、停留地点等,一般要求用英文填写。不过,各国的入境卡填写要求也不尽相同。

因此,领队需要做的最重要的一件事,就是协助全团游客填写将要抵达的国家(地区)的入境表格。

1. 各国(地区)不同的入境卡

各个国家(地区)的入境卡不但格式各不相同，名称也不完全一样，但是其中所包含的内容大致相同，通常包含的内容有以下几方面。

姓　Family Name / Surname

名　First Name / Given Name

国籍　Nationality

护照号　Passport No.

原住地　Country of Origin (Country where you live)

前往目的地国　Destination Country

登机城市　City Where You Boarded

签证签发地　City Where Visa Was Issued

签发日期　Date Issue

街道及门牌号　Number and Street

城市及国家　City and State

出生日期　Date of Birth (Birthdates)

偕行人数　Accompanying Number

职业　Occupation

专业技术人员　Professionals & Technical

行政管理人员　Legislators & Administrators

办事员　Clerk

商业人员　Commerce (Business People)

服务人员　Service

签名　Signature

官方填写　Official Use Only

一些国家(地区)的入境卡与出境卡是印制在左右一体的卡片上，在填写入境卡的时候出境卡部分也需要填写，入境时，入境检查官员会将出境卡部分拆下，再将出境卡部分用订书机订在护照内，出境时无须再填写出境卡。

2. 海关申报单

有些目的地国家(地区)还需要提交海关申报单，每个国家(地区)海关申报单的内容和申报重点都有所不同，其可能涉及的项目有姓名、出生日期和地点、国籍、航班号、居住国、永久地址、在逗留国家(地区)的住址、随行家属姓名及与本人关系、签证日期、签证地点、随身携带物品(如现金、支票、手表、摄影机、摄像机、黄金、珠宝、香烟、酒、古董等)，有些国家(地区)对动植物出入境控制很严，甚至少量水果也不允许带入境。美国海关申报单中有一栏就是你或者你们一行人中是否携带了水果、植物、肉类、食品、土壤、鸟类、蜗牛、其他活动物、野生动物产品、农产品。

3. 领队需要协助游客填写入境卡及海关申报单

旅游团所需的多份入境卡及海关申报单可以向空乘人员统一索要，这些表格通常会用当地文字和英文两种文字标明，填写时可使用英文填写。代游客填写所有的出入境表格，是领队的工作职责之一。事先制作的《团队资料速查表》这时候可以很好地发挥作用，可以让领队省却很多时间和麻烦，使填表工作的效率大大提高。否则，领队就必须将游客手中的护照一本本收上来，按照各个国家(地区)不同的入境表格的各种要求，翻开查阅护照中的相关内容再行填写。

在一些航程较短的航线，飞行时间只有一个多小时，除去飞机上升和下降时间以及用餐的时间外，领队填写这些入境表格的时间会十分紧张，因而需要抓紧时间填写。有些英语较好或者愿意自己填写的年轻游客，领队可以指导他们自己动手。

工作任务五　他国入境服务

思政案例导入

26个申根国家可以为短期往返访问的外国人签发"申根国统一签证"，得到其中一国的申根签证，可前往其他申根国家访问。但是，"前往几个成员国，应申办主要访问成员国或停留时间最长的成员国的签证""只前往某一申根国家，应申办该国的签证""无法确定主访国时，应申办前往的第一个申根国的签证"。领队要树立牢固的法律意识，提醒游客遵守目的地国家的法律政策是领队的基本职责，避免因为任何疏忽给游客带来不便和损失，为游客提供精益求精的细致服务。

任务目标

经过近11个小时的飞行，小敏团队终于抵达澳大利亚，在机组人员的帮助下，小敏迅速带领游客下机前往入境大厅，尽管非常疲倦，但是游客都非常高兴来到异国他乡。要让游客顺利地入境开展澳大利亚之旅，小敏该完成哪些工作？

任务实施

请每个小组将任务实施的步骤和结果填写到活页的任务单3-5中。

任务评价考核点

(1) 能带领团队顺利地通过入境审查。
(2) 能处理行李托运中出现的各种问题并顺利地通过海关检查。

任务指导

领队的一项重要工作职责就是协助游客办理入境目的地国家或地区的手续,当飞机在目的地国家(地区)的机场降落后,领队开始行使该项工作职责。入境时需要办理的相关手续包括卫生检疫、入境审查、海关检查等。各国办理这些手续的顺序会有所不同,但一般来说卫生检疫及入境审查是在提取托运行李之前,海关检查是在提取托运行李之后。

一、卫生检疫

卫生检疫的主要目的是防止携带某些传染病的人员进入该区域,对该区域的居民进行必要的保护。

卫生检疫一般有两种方式。第一种为通过检测仪器或人工对入境旅客进行检视,目前大部分国家均采取这类做法。这类做法效率较高,也较为简单,但检查并不仔细,容易出现漏查现象。第二种为查验黄皮书,黄皮书是国际公认的卫生检疫证件,有些国家在办理入境时必须提供黄皮书。如智利、墨西哥等国家,要求入境游客必须出具预防霍乱和黄热病的接种或复种证明书。澳大利亚、新西兰等国只是对某一段时间内去过病毒传染相对集中地区的入境游客作出提交黄皮书的要求。

很多国家还要求入境人员填写《健康申报单》,要求在申报单中如实填写身体状况及疾病史,在过卫生检疫柜台或检疫仪器时提交。有些国家的健康申报单与入境卡连在了一起,卫生检疫也与入境审查设在同一处。

黄皮书

二、入境审查

办理入境审查的机构统称为移民局,其主要工作为审查入境人员相关资料和资质,并作出是否让其入境的最终决定。领队在此环节主要是组织游客按相关规定排队、提交资料、接受询问等。

入境目的地国家(地区)一般需要持有该国所签发的签证。签证按入境目的分为旅游签、商务签、公务签等;而按办理方式、表现形式、性质等又分为落地签、电子签证、团签、个签等。而有些国家又可免签,即只要持有护照即可自由进入,无须提供签证。

落地签指的是申请人可不直接从所在国家取得前往该国的签证,而是持护照抵达该国口岸后,现场提交资料申请并由该国相关机关现场为其签发签证。

电子签其实是纸质签的电子化,以电子文档的形式将签证上所有的信息储存在了移民局的系统中,持有人的护照上并不会有该国的签证页。

团体签证是相对个人签证(自由行签证)而言的,它是整个旅游团的人一起申请的签证,持有团签必须在团队行程的区域和时间内活动,游客不能离团,必须团进(入境)团出(离境)。

(一)组织排队

领队在下飞机后应该再次集中游客,强调接下来的入境流程和注意事项,然后按照机场指示牌的指示,带领游客前往移民局柜台。

在移民局办理相关手续时需要排队。各国移民局为了提高工作效率,一般会把排队的通道分为"本国人入境"(NATIVE)和"外国人入境"(FOREIGNER)。"本国人入境"通道是持有该国护照人员进入该国的排队通道,"外国人入境"通道是持有外国护照的人员进入该国的排队通道。领队应组织游客走"外国人入境"通道。

如果游客办理的签证为个人签,原则上领队应该走在游客的最后面,以便观察游客是否经过审查顺利入境,如出现问题随时要解决。如游客办理的签证为团体签证,原则上领队应该排在整队游客的最前面,以便率先提交团队签证资料及回答入境检查官的询问。

领队在组织客人排队前一定要反复交代游客在入境区域不能有拍照、摄像、大声喧哗、随意插队、不按要求排队等现象。很多国家的移民局会对具有以上行为的游客进行处罚,轻则罚款,重则禁止入境。

(二)提交资料及接受询问

一般情况下,入境检查官会要求游客提交护照、签证、机票、入境卡等资料,有些团体签证还会要求领队提交英文行程单。

同时有些国家的入境检查官也会用英语询问领队或游客一些简单的问题,如来此国的目的是什么、是跟团来的吗、准备停留多久、要去哪些城市等。领队和游客一定要如实回答。如果遇到英语不好的游客,领队可以把这些常规问题的答案都写在纸条上交给游客,当检查官询问他时,可以直接将纸条递给检查官。

领队需要向客人强调的是,将资料提交给入境检查官时面带微笑,最好能用简单的英语表示问候,在接受入境检查官审查资料的时候,不要催促,要耐心等待,当检查官还回资料的时候应表示感谢,如点头微笑或说句 Thanks。

(三)入境检查

并不是提交了相关资料就可以顺利入境。入境检查官有权根据资料信息反馈及主观经验判断拒绝游客入境。被拒入境的情况主要如下。

(1) 入境后可能会危害国家安全、社会秩序或违反公共利益的。这往往是一种主观判断,签证官会根据护照、签证等信息或言行作出判断。

(2) 属于本国政府禁止入境黑名单上的。这种情况往往是因为此人有过逾期不归及在该国有过犯罪记录。

(3) 使用伪造证件的。

(4) 携带资金不充足的。如泰国要求入境游客身上所携带现金不低于 2 万泰铢及等值货币，入境审查人员会不时地进行抽查，如身上所携带现金低于 2 万泰铢或等值货币，入境检查官有权阻止其入境。

(5) 受到国际刑警通缉的。

(6) 患有某种传染病的。

(7) 以前有过驱逐离境记录的。

如有游客被拒绝入境，领队应及时询问被拒原因，如被拒原因仅为检查官主观经验判断而没有提供客观证据，领队应为游客再次向检查官解释说明，消除误会。

【知识拓展】

申根签证

申根签证(Schengen Visa)是指根据申根协议而签发的签证。这项协议由于在卢森堡的申根签署而得名，协议规定了成员国的单一签证政策。据此协议，任何一个申根成员国签发的签证，在所有其他成员国也被视作有效，而无须另外申请签证。而实施这项协议的国家便是通常所说的"申根国家"。

申根区域由 26 个国家组成，任一国家的签证可游遍申根 26 个成员国，排名不分先后。申根签证持有者无须办理任何手续，可直接入境梵蒂冈、摩纳哥、圣马力诺、安道尔公国。

目前有 22 个欧盟成员国属于申根区域，它们分别是：德国、法国、荷兰、意大利、奥地利、比利时、捷克、丹麦、爱沙尼亚、希腊、匈牙利、拉脱维亚、立陶宛、卢森堡、葡萄牙、斯洛伐克、斯洛文尼亚、西班牙、芬兰、瑞典、波兰、马耳他。

还有四个国家，它们是瑞士、挪威、列支敦士登和冰岛，虽然它们不是欧盟成员，但它们也在申根区域范围内。

在欧盟成员国中，有六个国家不在申根区域之内，分别是英国(已脱欧)、塞浦路斯、克罗地亚、爱尔兰、罗马尼亚和保加利亚。

欧盟成员国之一的塞浦路斯还不能完全被认为是申根成员国家。因为它和现有的申根成员国之间还存在边境限制。只有在欧盟委员会宣布废除边境限制之后，其作为申根成员国的条件才完全成立。但是，在这些国家，申根签证及其他欧盟成员国的居留许可证被视为与该国签发的停留不超过五天的过境签证具有同等效力。

(四)完成入境检查

入境检查官核对完游客相关资料后会在护照上加盖入境章，并将护照、签证、机票单等资料退还游客，即准予入境。游客在表示感谢后应尽快通过柜台，领队应该交代游客直接去行李转盘处提取行李及等候其他游客，不要停留在柜台后面等候其他游客或滞留，以免移民局工作人员以影响该柜台正常工作为由进行驱赶。

三、领取行李

游客办理完入境手续后即可到行李大厅里相对应的行李传送带边领取托运的行李。行李大厅有电子显示屏，会有航班号对应托运带的显示说明。

(一)提醒游客检查行李

(1) 确认行李是否齐全。有些游客托运的是两件行李，但由于粗心，往往只领取了一件行李。有时候游客是一家人一起出行，共用行李箱，容易造成乌龙事件。所以领队要反复询问每一位游客是否都拿到了所有的行李。

(2) 确认行李箱是否错拿。由于行李箱大小颜色雷同，经常会有行李错拿现象，所以导游应该提醒游客在托运前给行李箱标上记号，在拿到行李箱时仔细检查。

(3) 行李箱是否有损坏。如箱体是否压坏、箱面是否有划痕或裂痕、轮子是否能正常使用、锁有无撬动痕迹。当然一般来说，航空公司并不会对箱子的划痕进行任何赔偿，除非有大面积开裂现象。若游客所持的是比较昂贵的行李箱，领队可以在托运前建议他给行李箱套上保护套。

(4) 行李箱内物品有无损坏、丢失、增加现象。领队在行李托运前应该提醒游客行李箱中不要放贵重物品及容易损坏的物品。如再次拿到行李箱时，里面的贵重物品遗失，是很难追回的，如里面的易碎物品损坏了，索赔起来也是很麻烦的事情，除非额外购买了保险。如行李中多出了其他不明物品，切勿擅自拆开或丢弃，应尽快跟机场保安联系，并配合调查。

(二)再次向游客说明入境国海关规定

(1) 所有的行李都拿齐后，领队集中游客，再次提醒游客该国(地区)海关对游客所携带入境物品的相关规定。

每个国家的海关规定不同，但新鲜的水果蔬菜、鲜活的动植物、各种包装的肉制品等均属于禁止入境的物品，而这些东西在出国前国内海关及安检并不会作出要求，所以很多游客会将其携带上飞机，并误认为国内没有禁止出境的就一定能携带他国入境。

此外，烟、酒、外币现金对于很多国家来说属于限量物品，如美国入境外币限额为1万美元，俄罗斯入境外币限额500美元，法国为7622欧元、尼泊尔为2000美元，而新加坡、瑞士等国却没有数额限制，泰国则规定游客最低携带的金额为20000泰铢。各国对烟、酒的规定也不一样，日本入境可携带400支香烟，法国入境可携带400支香烟、酒2瓶，泰国入境可携带200支香烟、一公升酒，新加坡只能携带20支香烟。如果超出各国的规定，则会进行处罚或补税。领队应了解并告知相关国家的要求，以免发生误会产生不必要的损失。

(2) 如入境国需要填写海关申报表的，领队必须再次向游客说明《海关申报表》的填写规定。很多国家的《海关申报表》与入境卡是连在一起的，大部分国家使用的是英文版，这给中国游客带来了很多不便，填写错误很可能影响正常入境。领队可以填写一个模板并将英文翻译为中文，指导游客进行填写。

（3）提醒游客不要帮助任何人携带任何行李或物品入境。如有其他游客或陌生人因各种原因希望游客帮助其提拿任何物品，应予以婉拒。

任务3-5中，澳大利亚海关非常严格，若游客携带相关物品，应在入境卡上标示，小敏应如实告知澳大利亚移民局官员，并在工作人员的指示下带领团队走相应的通道并接受检查。

案 例

我国一旅行团到澳大利亚旅游，在澳大利亚海关接受入境检查时，一位旅客随身携带的月饼被澳方关员查获，另一位旅客携带的十枚无铅松花蛋更是引起澳方关员的严重关注，甚至叫来了警犬和边防警察。原来，澳方关员没见过这种黑乎乎的东西，以为是毒品或者其他违禁化学品。当中国游客不得已当场吃了一枚松花蛋后，事情才有了转机，澳方关员方才相信这的确是一种方便食品。

1. 请问澳大利亚能否允许游客携带类似月饼和松花蛋的食品入境？这两名游客是否会受到惩罚？

2. 回国后两名游客联合起来对该组团社和领队进行投诉，指出由于领队的工作疏忽没有向游客强调入境澳大利亚时的违禁品，导致客人遭受巨额罚款。因此该责任由旅行社来承担。请问这两名游客的投诉旅游局是否会受理？结果会怎样呢？

【案例解析】澳大利亚检疫法规定，禁止含有蛋、肉馅的食品(包括月饼)入境，违者将被处以220至6万澳元的罚款甚至监禁。而中国游客均未在入境卡上填写携带有上述违禁品，所以两位游客受到食品销毁、罚款1000澳元的处理。

旅游局应当受理此投诉。此次事件责任在领队。领队应该知道澳大利亚禁止含有蛋、肉馅类食品入境的规定，而且在游客填写入境卡时没有专门询问游客是否携带有上述物品，造成违禁携带并刻意隐瞒，不仅通关受阻，还使客人遭受巨额罚款。受罚游客可向旅行社索赔。

四、海关入境检查

通过海关安检时有两个通行通道，一个为"非申报通道"或称为绿色通道(NOTHING TO DECLARE)，一个为申报通道(GOODS TO DECLARE)。如没有携带相关违禁、超过限制的或需要申报物品的人员可走非申报通道。如果携带了需要申报的物品，如超出了限制的物品、较为昂贵的摄像器材、高端数码产品等应走申报通道并进行申报。各国情况不一样，所选择的海关申报方式也不同，但大体分为两种，分别为口头申报及填写申报单申报。

不管走哪一个通道，一般都会有海关进行检查，检查的形式分为X光机检查、开箱检查，还有些国家采取用狗闻的形式进行检查。如果一旦查出游客携带违禁物品或携带了需要申报的物品但没有进行申报，将会面临相应的海关处罚。

　　领队应该告知游客，在海关人员进行例行检查时，尤其是进行开箱检查时，应当给予配合并自行打开行李箱。有些国家有法律要求，海关人员通常情况下无权私自打开游客的行李箱，但是他们有权要求游客接受开箱检查，所以游客应自行开箱，如游客拒不执行，他们有权强制开箱。接受完检查后，游客应该迅速离开检查区。

他国入境，中国游客容易踩到的"雷区"

项目小结

　　这一项目主要让学生了解中国出境和他国入境的工作流程以及工作要点，使学生对领队的工作流程有所了解，掌握机场说明会的召开，掌握带领团队通关的流程和方法，了解中国和主要目的地国海关相关规定，掌握领队开展工作的方法和技巧。

思考与能力训练

一、简答题

1. 办理国际乘机手续时，领队需要提交哪些资料？
2. 在经过海关时，什么情况下要走红色通道？
3. 在通过移民局入境审查时，领队应着重提醒游客注意哪些事项？

二、实训题

案　　例	特　　点	小　　组
澳大利亚	澳大利亚黄金旅游线路	教师示范
德国—法国—意大利—瑞士	欧洲黄金旅游线路	一组
新加坡—马来西亚—泰国	亚洲黄金旅游线路	二组
加拿大—美国	北美洲黄金旅游线路	三组
巴西—阿根廷	南美洲黄金旅游线路	四组
南非—肯尼亚探险之旅	非洲黄金旅游线路	五组

　　各学生小组根据本组选定的目的地国家，完成以下任务。

1. 根据行程简要介绍目的地国家。
2. 收集真实新闻和案例，分析目的地国在入境时应该注意哪些问题。
3. 收集资料，阐述目的地国的海关规定以及游客需要特别关注的地方，并制作成通关宝典。

三、案例分析题

1. 缺"入境章"出境受阻！下次再办签证还可能被拒签。

出国千百事，盖章第一步，忘盖入境章，旅程两行泪。

一次护照的完美旅行体验是什么？无非就是签证贴着，入境章、出境章齐全了，然而并非每个人都会有这些情况，因此，也闹出来许多出入境受阻的情况，甚至还会影响到下次办签证的出签。这不最近有小伙伴去马来西亚玩，未盖入境章而导致出境受阻的事情。

近日，微博网友在马来西亚旅游时，因为未盖入境章而被阻止出境，眼看停留期就要到了，面对的是滞留、罚款等问题，四处寻求帮助，可见无奈之处。

无独有偶，同时，外交部领事司"领事直通车"也发出了提醒，近期也有游客在入境印度时护照上未加盖入境章而导致出境受阻。

注意！缺"入境章"可能致出境受阻

外交部领事司　领事直通车

近期发生我公民因入境印度时护照上未加盖有效入境章而致出境受阻事。中国驻加尔各答总领馆提醒赴印人员在入境时仔细确认护照上是否已盖上入境章，持电子签证入境者还需检查护照上是否另盖有电子签证准入章并已注明入境次数及最晚离境期限，避免耽误行程及在当地补办相关手续造成的经济损失。

分析：导致该问题发生的原因有哪些？领队在工作中该如何避免？

2. 因没有携带足够现金，中国游客刚到泰国机场就被抽查、遣返！

根据泰国政府要求，持旅游护照前往泰国的游客，每人必须携带 20000 以上的泰铢，家庭最少不得低于 40000 泰铢，如果发现现金不足，泰方将有权利拒绝其入境，并在 48 小时内遣返或驱逐！

尽管相关报道层出不穷，习惯了微信、支付宝的中国游客习惯性不想携带现金，认为麻烦，作为领队，请问你如何处理方能避免类似情况发生？

项目四

领队境外带团的主要工作

【教学目标】

知识目标：了解领队境外与导游的工作配合；熟悉境外下榻饭店入住及用餐服务流程；熟悉境外交通出行服务要领；熟悉境外购物及观看演出服务流程；熟悉境外游览过程的服务流程。

能力目标：培养境外带团工作中突发事件的处理能力；培养学生与游客沟通的能力；培养学生的团队沟通与协调能力。

素质目标：培养学生的职业道德精神、敬业精神，维护游客利益，工作细心负责，严谨认真；培养学生团结协作，顾全大局的意识。

【关键词】

境外食、住、行、游、购、娱的全程服务　境外用餐服务　境外下榻饭店入住服务　境外交通出行服务　境外游览过程的服务　境外购物服务　境外观看演出服务

工作任务一　食——带领团队用餐

思政案例导入

出境领队C先生为什么在自助餐厅受到主管的"忠告"？

　　某旅行团一行22人赴澳大利亚、新西兰旅游，在悉尼住三晚。最后一晚，被安排在悉尼火车站的一个大型自助餐厅用餐。在去餐厅的路上，领队简单告知大家一些注意事项：要排队、不要插队取食、吃多少拿多少等。一进餐厅，环境幽雅、明亮，很多外国人就餐时谈话声音很低，在取餐处他们都很有礼貌地排队，不发出声音地用餐具挑选自己喜欢的食物。但是，这22人一进门就"哗"的一声开始热闹起来，拿起盘子不排队就到处乱走，一边旁若无人地大声聊天，一边"跳跃"式地在食品箱里用夹菜的钳子翻来翻去。餐厅里用餐的外国人开始用惊讶的眼光看着他们，表示不理解，渐渐表露出讨厌甚至是愤怒的目光。片刻，一位餐厅主管人员找到领队C先生用恳求的语气对他说："您能不能暂时停止用餐，去告诉您的客人们，讲话声音轻一些，拿到盘子后请务必排队，不要乱走，否则，其他客人会投诉。而且不会再来用餐。餐厅主管用很生硬的英语指责旅游团的领队C先生。

　　提问：游客自助餐不遵守用餐规则作为领队有责任吗？领队该如何处理？案例中游客有哪些餐饮文化的盲区呢？领队在带领游客境外用餐时该如何做？

（资料来源：https://www.ximalaya.com/youshengshu/11113781/54766371）

　　【案例解析】游客在境外自助餐中不遵守用餐规则，作为领队是有责任的。领队在旅游行程中，特别是抵达旅游目的地后应根据带团经验，需要不断将相关信息传达给游客，特别强调相关注意事项。比如在公共场所不要大声喧哗、吃自助餐时有序就餐、量力而行不可浪费。案例令人不愉快的场面也许可以避免。领队应旁敲侧击，借古喻今，教育游客讲文明礼貌，树立中国公民在国外的良好形象。

　　领队带领游客境外用餐过程中需要具备安全规范作业意识和细致耐心的工匠精神，以此激发领队"爱游客、爱工作、爱祖国"的职业情操。帮助领队树立正确的世界观、人生观、价值观，勇敢地肩负起时代赋予的出境领队的光荣使命，提高思政素养。

任务目标

　　领队小敏带领游客乘坐国际航班，通过边检、安检、海关检查等入境到澳大利亚，并与当地导游会合，作为旅行社资深领队除了向游客介绍地接导游外，还请你根据项目二中《心动·澳大利亚一地七日游行程单》中的具体行程向游客展示澳大利亚的特色用餐，并制定出领队小敏在澳大利亚的境外带团用餐的工作流程。

项目四　领队境外带团的主要工作

任务实施

请每个小组将任务实施的步骤和结果填写到活页的任务单 4-1 中。

任务评价考核点

(1) 向游客介绍地接导游并与地接导游密切合作。
(2) 熟悉领队在境外带团用餐的工作流程。
(3) 能预防和处理团队在用餐中的突发事件。

任务指导

《旅行社出境旅游服务质量》中"旅行游览服务"一节，对领队的具体要求是：领队应按组团社与旅游者所签的旅游合同约定的内容和标准为旅游者提供接待服务，并督促接待社及其导游员按约定履行旅游合同。在境外旅游途中，领队应积极协助当地导游，为旅游者提供必要的帮助和服务。在境外旅游期间，领队对游客的服务，通过与当地导游的配合一道完成。领队在境外带团期间的工作主要为以下几项：境外用餐服务、境外下榻饭店入住服务、境外交通出行服务、境外游览过程的服务、境外购物服务、境外观看演出服务。

一、领队与境外导游的工作配合

为确保旅游计划的实施和完成，领队应尽力配合境外导游的工作。但是，领队也应当始终记住自己所担负的"督促接待社及其导游员按约定履行旅游合同"的责任。领队与地接导游的良好合作，应该始于双方的充分沟通。从抵达此地与当地的地接导游见面开始，一直到在此地的旅游结束，自始至终都是领队与地接导游的沟通问题。

(一)领队以欢迎词引出导游

领队是出境旅游团队的核心，因而，团队运行程序中所有环节的衔接，都应由领队来做。旅游团队的游客经过一堆烦琐的手续入境他国，面对一个陌生的环境，自然会有一种陌生的感觉。此时，就需要领队作为核心，领队出场来为大家开场定心。

旅游团抵达任何城市的时候，最先讲话的都应该是领队。从机场出来，来到旅行车上坐定，领队就应当开始第一次正式讲话。这个讲话需要领队认真对待，讲话内容大致包括以下几项。

(1) 代表组团旅行社对游客顺利抵达目的地表示祝贺并希望游客在境外旅行愉快。
(2) 向游客表达愿为游客提供良好服务的真诚愿望。
(3) 向游客隆重介绍境外地接导游。

下面是一个"欢迎词"的实例。

大家下午好!首先我代表新康辉国际旅行社欢迎大家参加本次"澳大利亚七日游"旅游团。经过13个小时的空中飞行,我们现在已经顺利抵达澳大利亚的第二大城市——墨尔本。我们7天的澳大利亚旅游已经正式开始了。我相信在这7天时间里我们大家能一起度过一个愉快的假期,预祝大家的旅行能有很大收获。

我是本次旅游的旅行团领队,大家可以叫我小敏,在行前说明会上和多数游客已经见过面。在今后的几天时间里,我将陪伴大家一起度过美好的假期。大家有什么事情需要我来帮助,尽管和我说,我将非常乐意为大家服务。

我们此行在澳大利亚的接待旅行社是墨尔本国际旅行社,张小姐是我们在澳大利亚的导游。下面我们欢迎张小姐为我们来做墨尔本的城市导游,介绍墨尔本这座迷人的城市。(鼓掌)

境外导游在这样的情形下出场,就会显得十分自然流畅。需要避免的是,机场出来,导游指挥大家上车后,直接就开始介绍城市。这样的做法会削弱领队的作用,程序的衔接上也显得生硬。领队与导游一见面,就需要悄悄地叮嘱导游,在与其进行沟通之前,先不要匆忙地向游客宣布日程。

(二)领队与导游的团队信息沟通

通常是安顿好游客入住饭店后,领队就应该与导游一起小坐,对此团接待的具体事项进行面对面的沟通交流。

1. 按照日程表逐项对照

领队与导游首先应对照一下双方所持的行程计划表是否一致。下榻饭店、游览景点、停留天数、离开时间等大项应首先确认,如果发现有不一致的地方,应当马上请导游与接待社联系。然后需要对行程表当中所涉及的住宿、用餐、购物、观看演出等诸多细项进行沟通。可以按照旅游团在此地停留的天数逐项叙述。导游有时会提出对行程进行调整的建议,如其建议对整体计划无大碍,领队应同意,并在原有的计划表中进行勾画记录。

2. 领队向导游介绍所带团队的特殊性

为方便导游及时安排准备,领队应向导游介绍说明此团的特殊性。比如:此团是教师团,对异国历史文化兴趣较浓,团员中喜欢提问的老人较多,团队行动不能过于急促;团员中有几人要用清真餐,应提前与餐厅打招呼等。

(三)领队与导游的合作

1. 领队为方便与导游的沟通应在车上第一排就座

平日游览期间,领队应始终在旅行车的第一排就座,方便与导游之间随时进行沟通。有些领队喜欢坐在车的后面,其实是不对的。领队与导游的沟通,有时需要近距离小声商量,如在介绍团队构成、团队中游客的特点等情况时,都需要稍稍避开游客。如果领队要与车内的游客进行交流,可以在车辆行驶中时不时地到后面走动。

2. 行进中出现问题要即时商量

游览当中，如果遇到交通严重堵塞、天气转坏、视野极差等情况，导游与领队就需要及时商定解决的办法，对当日行程就需要进行必要的调整。如果仅是前后时间的调整，领队仅与导游商定即可，但需要向游客说明；调整如果牵涉行程游览项目的取消，则必须由领队在征询游客的意见后再作出决定。

3. 领队应向导游反馈游客意见

由于领队地位的特殊性，领队与游客的关系比导游与游客之间的关系更密切，因而游客的意见和要求，可以由领队向导游进行反馈。

二、游客用餐时的领队服务流程

旅游团就餐时的领队的服务，根据《旅行社出境旅游服务质量》和《导游服务质量》，包含了如下内容。

(一)用餐前的安排准备工作

餐厅是为旅客提供餐饮服务的场所。随着经济的发展和生活水平的提高，游客对饭店的用餐要求也越来越高，饭店特色餐饮服务的特点也因此越来越突出。在用餐前，领队需要了解饭店用餐基本知识，将知识灵活运用到各种类型的旅游团队用餐服务中，以赢得客人的认可。领队在餐厅的介绍中，要掌握技巧，突出餐厅特色，介绍用餐行程安排、介绍西餐基本礼仪和用餐要求；简单介绍餐馆及其菜肴的特色。此外，领队还需要提醒游客遵守用餐时间。领队要根据旅游活动的安排、交通畅通情况或旅游景点人流情况，提醒游客遵守用餐时间。如果因为游客用餐习惯等原因，提出提前或推迟用餐时间的要求，领队要积极与餐厅联系，视餐厅具体情况进行处理。一般情况下，领队要向旅游团说明旅游餐有固定用餐时间，提早或推迟用餐须酌情安排，有时是要另付服务费的。

(二)用餐中的贴心照顾工作

1. 餐中的贴心服务

游客用餐当中，领队引导游客入座，并介绍餐馆的卫生间和取食区以及团队座位区；督促餐厅工作人员为游客上茶水小吃并为游客提供跑菜服务；向旅游者说明酒水的类别。此外，领队应当随时走动，观察游客用餐的情况，适当地增加主食、汤、茶水等，还可以简要地介绍餐桌上当地特色菜肴的吃法。游客如要购买啤酒、饮料，领队应提供语言翻译上的帮助。中国旅游团队通常吃饭速度较快，领队应适应这种快节奏。领队通常会安排与导游一起用餐，在照顾完游客后，要加快吃饭速度，以免游客吃完饭后走散。

2. 特殊游客的暖心服务

在用餐当中，领队应照顾有特殊需要的游客。由于生活习惯、身体状况、宗教信仰、民族习俗等各方面原因，来自不同国家和地区的游客会在餐饮方面提出种种特殊要求，若游客的特殊用餐要求在旅游协议书上有明文规定，就应该提前与饭店联系做好准备，落实兑现。如果是旅游团到达后才有人提出特殊用餐要求，则需视情况而定。由领队与用餐饭店联系，在可能的情况下尽可能满足游客需求；确实有困难的，领队应向游客说明情况，并协助其解决。如建议他到餐厅自己点菜，或购买相应的食品，但应事先说明费用自理。如果游客生病，领队应主动与饭店联系，对游客给予特别的关怀和照顾。解答游客在用餐过程中的提问，并解决用餐过程中出现的问题。

案 例

餐厅的主管为什么冲着中国游客发火

2016年6月，一个赴欧洲六国游的旅游团，乘奥地利航空公司的航班飞往第一站——奥地利首都维也纳。此团大多数为男士，均为某县城的企业家，此次是第一次赴欧洲。为了带好此团，领队亲自去县城开行前说明会。除了给每位游客分发有关资料和讲解行程外，领队z先生还详细讲解了欧洲各国的宗教习俗、礼仪和有关法律及规定。即将参团出游的28名游客中，w先生等六人自称生意繁忙没来参加。

团队出发去机场的路上，领队试图给w先生等几个客人补补课，但他们却不愿意听，甚至产生反感，说："中国人到外国去，要挺直腰板，不要低三下四。"但是，到达维也纳的第二天，用早餐时就被餐厅主管"发难"。

此团按费用标准，早餐在酒店用英式自助早餐。食品丰富，各种点心、奶酪、果酱、新鲜水果应有尽有。果酱、奶酪都用水果颜色图案包装，客人根据自己的喜好来辨认和挑选。w先生不加选择地拿了一盘，用餐时挨个打开，闻一下便放在餐桌上。用餐过程中，他的餐桌放了10多盒已经打开而没吃过的各种果酱和奶酪。这时出来一位满头银发，身着灰色西装，洁白衬衫，打着黑色领结，看样子五六十岁，应是餐厅负责人。他用很生硬的英语大声问："谁是这个旅游团的领队？"领队z先生举手示意自己是领队。这位负责人毫不客气地对他说："告诉你的客人，你们中国过去很穷，许多中国人都吃不饱饭饿死。我读过许多第二次世界大战时期关于中国的书。现在中国强大了，中国人富起来了，你们就可以如此浪费？很可耻，走吧！走吧！早餐的时间结束了。"

提问：餐厅的主管为什么冲着中国游客发火？

(资料来源：https://www.dushu.com/book/11828390/)

【案例解析】

首先，行前说明会必须切实得到落实。根据《旅行社出境旅游服务质量》的要求，出境游组团旅行社有召开行前说明会的义务。行前说明会的主要目的是，为游客提供旅游目的地的各种信息，特别是与我国不同的法律规定、风俗习惯和生活理念，确保游客在旅游目的地行程顺利、心情舒畅，避免发生误会和纠纷。案例中 w 先生等六人自称生意忙，没有参加行前说明会，为日后被外国人蔑视埋下了隐患。组团社面对不能参加行前说明会的游客，应当采取补救措施，如为游客提供相关书面材料，为游客补上行前说明会信息，而不能以游客不参加行前说明会为自己开脱；因为若游客在旅途中受辱，游客肯定会将郁闷情绪向领队发泄，影响领队的工作，回国后再向旅行社投诉。

其次，领队应在旅途中不断强化行前说明会的相关内容。事实上，只要在旅游行程中，特别是抵达旅游目的地后，领队根据带团经验，不断地将相关信息传达给游客，特别强调相关注意事项，比如在公共场所不要大声喧哗、吃自助餐时有序就餐、量力而行等，案例中令人不愉快的场面也许可以避免。

最后，领队的提醒应当注意技巧。领队对游客的提醒与批评应当委婉，最好不要直接批评，而应当以其他旅游团为案例，旁敲侧击，借古喻今，教育游客讲文明礼貌，树立中国公民在国外的良好形象。

(三)用餐后的结账收尾工作

用餐后，领队协助当地导游与餐厅办理结账手续。领队在客人用餐完毕后陆续返回旅游车之前，对发生特殊消费的，要注意提醒游客及时结账。领队到餐厅前台取出旅行社的餐饮结算单，在上面填写好相应的内容，将其中盖有旅行社业务章的一联交给餐厅留存。此外，领队在用餐后应巧妙地询问游客用餐满意度，询问游客对餐厅、饮食口味、饮食数量等方面的意见，对游客用餐进行小结，并相继在下一个行程点进行调整。

澳大利亚行程解析： 任务 4-1《心动·澳大利亚一地七日游行程单》中第 5 天悉尼鱼市场参观均不含中餐，游客自行品尝当地农庄土菜和澳大利亚海鲜，领队应提前介绍相关饮食特色并告知大概的消费标准。其次，悉尼港 showboat 游船上的西式晚餐，应提前告知游客船上已经为游客们准备好了丰盛精美的西式晚餐，可在欣赏美景的同时享用精致晚餐。与此同时，领队要友情提醒游客西餐的用餐习俗。

三、游客用餐时的主要突发事件处理

(一)游客不遵守用餐秩序的处理

游客不遵守用餐秩序主要表现在游客在用餐场所大声喧哗、吃自助餐时不排队取餐、浪费食材、游客喝酒闹事等。为尽量避免或减少用餐时突发事件的发生，领队应对游客用餐进行温馨提醒。领队应当将国外的一些用餐规矩告诉游客：如在吃自助餐的时候，一次不要拿太多，拿的食物一定要吃完；餐厅中的食品饮料不能带走；开放有冷气空调的房间，一般不允许吸烟。注意用餐文明，用餐时不能大声喧哗，避免影响餐厅中的其他客人。欧式早餐较简单，而美式早餐较丰盛，但游客大多数对欧式早餐和美式早餐区别不太清楚，往往会因此而引发争议。以往的中国旅游团在欧洲旅游期间用欧式早餐，曾多有与餐厅发生争吵的先例，因而如果旅行社为游客预定的是欧式早餐，一定要提前向游客打好招呼。领队在适当的时机需要反复提醒游客礼貌用语和规范行为，强调出国是代表了中国人的形象，激发游客在境外文明用餐的责任意识。

(二)游客食物中毒事故的预防与处理

1. 食物中毒事故的预防

(1) 了解游客的饮食禁忌。游客因为体质或某种疾病可能会对一些食物过敏，导游应该在接团后通过领队或直接询问客人，获得相关信息，避免安排不适当的食物。

(2) 选择干净卫生的就餐场所。导游应该安排游客到旅行社的协议饭店用餐，不私自带游客到其他饭店用餐，劝阻游客到路边小摊或流动商贩手中购买食物。

(3) 安排干净卫生的酒水、食物。导游要了解一些食物相生相克的知识，避免一些相克食物同时上桌，引发中毒。

2. 食物中毒游客的救治

(1) 食物中毒的症状与特点。发生食物中毒时，游客会出现一些明显的症状：上吐下泻、腹痛、恶心、畏寒、发烧等。食物中毒一般在进餐后一小时内就会发病，吐泻严重时，病人还会出现脱水、休克等症状。

(2) 食物中毒的处理。首先，应该设法催吐，使患者吐出不洁的食物，并让患者多喝水，以缓解毒性。其次，要尽快将患者送往医院进行解毒、消炎、补水治疗，并请医生开具"诊断证明"。再次，迅速向旅行社领导报告，并将"诊断证明"复印备案。最后，由旅行社指派工作人员调查追究相关供餐单位或个人的责任，并将事故处理结果记录备案。

工作任务二　住——带领团队下榻酒店

思政案例导入

突发火灾的酒店

澳洲旅游期间，游客入住悉尼某酒店时，晚上酒店突发火灾，领队小东第一时间赶到现场，迅速疏散游客，安排所有游客沿安全通道快速下楼，确保所有游客安全撤离之后才最后一个离开现场。在救助游客的过程中，小东手臂被烧伤，所幸治疗之后无碍。回国之后，游客写来了感谢信，小东也得到了旅行社领导的表扬，但是，朋友们看到小东手臂上的伤疤都说小东真"傻"。

提问：境外入住酒店突发火灾领队该如何处理？案例中的小东真的"傻"吗？

(资料来源：https://www.ximalaya.com/youshengshu/11113781/54766371)

【案例解析】当酒店突发火灾时，领队应该立即拨打境外当地火警求助电话并第一时

项目四 领队境外带团的主要工作

间赶到现场，与酒店工作人员和消防工作人员一起迅速疏散游客，安排所有游客沿安全通道快速下楼，确保所有游客安全撤离。案例中的小东并不"傻"，他具备较强的境外安全规范作业意识，时刻维护游客利益。他严谨认真的职业素养，细致耐心的工匠精神将"爱游客、爱工作"的职业情操体现得淋漓尽致。

任务目标

领队小敏带领游客入住澳大利亚酒店，请你向游客介绍当地酒店并顺利地完成游客下榻酒店的工作流程，并对游客入住酒店的突发事件有积极的处理应对措施。

任务实施

请每个小组将任务实施的步骤和结果填写到活页的任务单 4-2 中。

任务评价考核点

(1) 熟悉领队境外带团入住酒店的工作流程。
(2) 能预防和处理团队入住酒店中的突发事件。

任务指导

一、游客下榻酒店入住服务

《旅行社出境旅游服务质量》中游客抵达饭店后，领队应该协助游客为其提供以下入住服务。

1. 酒店前台的手续办理

在入住酒店之前，地陪导游应在抵酒店的途中向旅游者简单介绍酒店情况及入店、住店的有关注意事项，包括：酒店名称和位置、入店手续、酒店的设施和设备的使用方法、集合地点及停车地点。领队应针对中国游客的特点对饭店的设施进行重点介绍，许多游客是第一次出国，对国外酒店的一些设备并不熟悉。即使是出国多次的游客，入住不同的酒店也需要了解酒店的各项情况，领队应对游客特别介绍一下这些情况。在游客入住酒店前，领队应积极主动地办理旅游团的入住手续，填写分房名单并复印交地接导游及饭店前台留存备查。在境外旅游期间，入住饭店办理手续的工作，常常是由领队亲自担任，导游只是在一旁协助。因为分房名单在领队手中。填写房号、分发钥匙的工作由领队直接来做更方便。分房名单是领队带团必须携带的一份工作文件，此时拿出一份来，将房间号码填上即可。然后需要请酒店前台服务员帮助复印若干份，领队留底后将复印件交导游及饭店前台留存备查。

在办理入住的时候，有可能会遇到单差房问题。所谓单差房，是指在安排房间时出现了奇数，但是旅行社给客人的价格又是按照一个床位结算的，这时客人如果要自己独立住一间房，就需要补足另外一个床位的费用。如果旅行社根据客人要求可以在单差房内另外安排其他客人或者同另外两个人一起合并安排为一个三人间，就不用再付单差房费。不过从旅游安全性来讲，新安排进来的客人不能为陌生异性、不同团队的客人、非旅游客人。如果导游全力协调都无法解决单差房问题，该游客有义务个人承担单差房的相关费用。

2. 入住酒店的贴心服务

旅游者抵达酒店办理好入住手续后，领队等待行李送达饭店，负责核对行李，督促行李员及时将行李送至旅游者的房间。安排好叫早服务，提醒游客不要耽误第二天的行程。游客入住酒店后，领队应贴心提供酒店设备使用的服务。领队可以告诉游客中西餐厅、娱乐场所、商品部、外币兑换处、公共洗手间的具体位置，并告诉游客该店具有特色的服务项目等，向游客指明楼梯的位置，告诉客人饭店餐厅、电梯、集合地点等的具体位置。入住饭店时，建议游客将贵重物品存入饭店的保险柜，不要随身携带。

进入房间后应检查房间内设施，分清必备品和付费用品，检查是否缺少、破损、污染，如有疑问应及时通知服务员。提醒游客房卡需要妥善保管，切勿丢失、折损，否则照价赔偿。

游客入住酒店安排好后，领队与导游应召集游客在酒店公共场所如酒店大堂宣布次日早餐、出发时间，并核对、商定团队的行程，熟悉第二天的活动安排，让游客做到心中有数，做好相应的心理准备和物质准备。

游客入住酒店后，领队应提醒酒店的具体收费项目有哪些，如收费电视问题、电话通知服务生送热水要付小费问题等，都需要一一介绍。国外有些酒店的卫生间中，除了毛巾和小香皂外，其他物品都需要向服务生索要另付费用。领队一定要向游客详细说明。领队在游客入住酒店后，应把自己的联络方式、房间号码告诉所有的游客。领队在分发钥匙之前，应当首先告诉游者自己的房号。在全部钥匙分发之后，再重复告诉大家自己的房间号码。一定要让全体游客记住领队的房间，这样双方心里都会感到踏实。将酒店的具体位置和电话号码编辑成短信发到每位游客的手机上或者发到旅游团队的微信群中，以便游客自由活动离开酒店后可以安全返回。领队要告诉游客，乘坐出租车或者迷失道路，可将酒店的具体位置定位图拿出来以寻求他人帮助。

3. 离店后的结账收尾工作

旅游团离开下榻酒店赶赴下一段旅程，领队应提前将一些注意事项告诉游客。如提醒游客与酒店结账，游客在酒店打电话、看付费电视、饮用冰箱内的饮料、洗衣、使用房间内的付费物品等个人消费，应当提前与酒店结清。最好避开团队要匆忙赶路之前和早餐后的游客结账高峰时间。领队应负责催促办理并协助游客完成结账。境外酒店多实行"诚信式结账"，即由房客自报使用的房间内物品，酒店一般不会安排服务生查房而让游客在柜台前久等。提醒游客带齐全部私人物品并清点游客托运行李，每次离开饭店，领队都要提醒游客检查私人物品是否遗漏，尤其是游客的眼镜、假牙、头饰等头天晚上睡觉时摘下来放到床头或抽屉里面的物品。在离开饭店赶赴机场时，还应当对游客拟托运的行李数量进行清点。办理完酒店结账手续后，领队应询问游客对住宿条件的舒适度和满意度如何，对领队工作的疏漏之处在下一个行程点进行调整。

澳大利亚行程解析：任务 4-1《心动·澳大利亚一地七日游行程单》中根据当地酒店标准间入住酒店，在入住澳大利亚酒店之前，地陪导游应在抵酒店的途中向游客简单介绍酒店情况及入店、住店的有关注意事项，包括酒店名称和位置、入店手续、酒店的设施和设备的使用方法、集合地点及停车地点。领队则应针对中国游客的特点对饭店的设施进行重点介绍，许多游客是第一次出国，对国外酒店的一些设备并不熟悉。

二、境外入住酒店突发事件处理

(一)游客主观行为导致突发事件处理

为尽量避免或减少入住酒店时因游客主观行为导致的突发事件的发生，领队应对游客入住时进行有针对性的提醒。如游客使用热水杯注意不能烫了房间的桌面；不能用房间台灯烘烤洗过的衣物；不能用房间内的热水器煮方便面。如有染发的游客，需提醒他们注意勿污染床品；如有吸烟者，请将烟灰、烟蒂扔进烟灰缸，切勿烧坏地毯、床单等物品，否则需照价赔偿。不要将房间号随便告诉陌生人，不要让陌生人随便进入房间，出入房间要锁好门，尤其是夜间不要随便开门；不要随便与陌生人兑换外币；外出时，拿好宾馆名片，三人以上出行，谨防扒手，注意人身和财物安全。

此外，还有入住酒店的游客由于不了解当地文化和习俗而发生的一系列不当行为。如欧洲饭店浴室多没有地漏，洗衣、洗澡不能将水流淌出来湿了地毯等。西方国家都有入住酒店给工作人员付小费的习惯，但中国游客经常会忘记给客房工作人员付小费，从而引起不必要的矛盾。因此，领队向游客讲述境外文化差异及风俗禁忌，积极地与当地酒店及部门配合，解决游客与当地文化冲突。另外，领队还应反复叮嘱游客遵守约定行程，不随意脱团，不留宿下榻酒店以外的其他住宿地方。领队在适当的时机需要反复提醒游客礼貌用语和规范行为，强调游客下榻境外酒店时注意礼貌行为。

(二)外界客观因素导致突发事件处理

对于酒店因外界客观因素或不可抗因素导致的突发事件，如火灾、地震、山崩等安全事件，应以人为本，减少危害，最大程度地减少不可抗力因素导致游客下榻酒店时的突发事件及其造成的游客伤亡和危害。要加强防范，以预防为主。增强忧患意识，坚持预防与应急相结合，做好应对酒店突发事件的各项准备工作。此外，在面对酒店外界因素或不可抗力因素导致的突发事件应快速反应，协同应对。加强与中国驻他国大使馆、境外地接社和中国组团社等相关单位的密切协作。

案例

游客在酒店客房吸烟被罚

游客投诉旅行社未提醒其酒店客房不可吸烟,他在巴厘岛酒店客房抽烟后被酒店罚款968美元,游客要求旅行社承担罚款。旅行社则认为:游客入住酒店时,中文管家请游客签署了一份入住申请表,并口头告知游客客房不能吸烟,但游客怀着侥幸心理在酒店客房吸烟,后来被服务生发现,退房时被酒店罚款。这种情况应当由游客自己承担责任,和旅行社无关。

提问:游客在酒店客房吸烟被罚谁之过?

(资料来源:https://www.duozhuayu.com/books/329652274563519169)

【案例解析】

该纠纷又涉及文明旅游这个话题。首先来看看我国法律对于文明旅游的相关规定。

《民法典》规定,十八周岁以上的公民是成年人,具有完全民事行为能力,可以独立进行民事活动,是完全民事行为能力人。

《旅游法》规定,旅游者在旅游活动中应当遵守社会公共秩序和社会公德,尊重当地的风俗习惯、文化传统和宗教信仰,爱护旅游资源,保护生态环境,遵守旅游文明行为规范。《旅游法》还规定,导游和领队从事业务活动,应当向游客告知和解释旅游文明行为规范,引导游客健康、文明旅游,劝阻游客违反社会公德的行为。

《消费者权益保护法》规定,消费者享有获得有关消费和消费者权益保护方面的知识的权利。消费者应当努力掌握所需商品或者服务的知识和使用技能,正确使用商品,提高自我保护意识。

上述这些规定明确地回答了有关文明旅游的几个问题,确定了文明旅游中各方当事人的责任与义务。没有履行义务的当事人必须为此承担责任。

(1) 游客的义务。上述法律明确规定,游客在旅游活动中,也应当承担相应的法律责任。而在以往,相关部门对于游客的义务关注较少,甚至是视而不见,这就直接导致人们将旅游过程中游客发生不文明行为全部归咎于旅行社。事实上,在相关的法律规定中并非如此。按照《民法典》的规定,游客作为完全民事行为能力人,必须为自己的行为负责,即使游客本人是未成年人或者智力有障碍者,责任承担者应是他/她的监护人。至于年老体弱、不识字、没有文化、不知道、没注意、疲劳、醉酒等,都不能成为逃避承担责任的借口。按照《消费者权益保护法》的规定,消费者应当努力掌握所需商品或者服务的知识和使用技能,正确使用商品,提高自我保护意识。具体到旅游服务中,游客有了解并掌握旅游目的地情况的义务,也就是在旅游服务中,如何更好地接受旅游企业的旅游、减少旅游纠纷的义务,其中自然包括对于文明细节的熟知,诸如何处可以吸烟、是否可以随地吐痰、是否禁止大声喧哗等。

(2) 旅游经营者的义务。旅游经营者包括旅行社、导游领队、地接社和履行辅助人，所有这些单位和人员履行的义务，都属于旅行社履行的义务。在文明旅游服务中，旅游经营者最重要的义务之一，就是事先告知。也就是在旅游行程前和行程中，将文明旅游的注意事项明确告知游客，希望游客举止言行符合文明规范。告知包括书面形式和口头形式，以书面形式为好，因为便于举证。

在上述案例中，究竟由旅行社还是由游客本人承担986美元的损失，应当具体情况具体分析，根据不同情况设定几种责任承担的方式。

首先，如果旅行社能够证明自己已经履行了告知义务，比如酒店中文管家的确已经口头告知游客，客房内禁止吸烟，或者在入住申请表中也有中文明确告知，应当认为旅行社已经履行了告知义务，旅行社就不应当为游客承担损失，游客要为自己的行为承担责任。关键的问题是，旅行社是否能够举证已经履行了告知义务。

其次，如果旅行社不能够证明已经履行了告知义务，或者的确没有履行告知义务，在此情况下，旅行社应当承担责任，但游客所必须承担的责任仍然不能被免除。理由就是虽然游客是消费者，但也是完全民事行为能力人，必须努力学习旅游目的地的知识，不能把责任都推给旅行社。

最后，如果游客是第一次参加出境旅游，对旅游很陌生，旅行社又没有履行告知义务，旅行社必须承担主要责任；如果游客是经常参加出境旅游，可以推定游客对于境外的规范更熟悉，即使旅行社没有告知，游客个人必须承担主要责任，因为游客的行为为明知故犯，和旅行社是否履行告知义务没有关联性。

另外，在出境旅游中，有关旅行社文明旅游的告知内容尚没有明确的规定。在为游客提供服务时，旅行社需要告知哪些内容才符合规定，或者说可以免责，还没有明确的界定，这是旅行社面临的难题。旅行社可以把境外旅游目的地的明确禁止行为，且和游客利益密切相关的规范进行梳理，然后结合游客常有的不文明的行为，归纳总结出来，以书面形式告知游客，并由导游领队在旅游行程中不断提醒。上述案例中在酒店客房吸烟，就是我国许多游客习以为常的习惯，应当纳入告知的范畴。

工作任务三　行——带领团队交通出行

思政案例导入

悉尼歌剧院的塞车之行？

旅游团在澳大利亚赴悉尼歌剧院的路途，因途中遇到其他汽车追尾，导致旅游大巴塞车堵在路上，很可能影响全团游客观赏歌剧，游客怨声载道。

提问：此时领队该如何处理？

【案例解析】行车途中遇到塞车，领队应该一边观察塞车发展情形，一边介绍游客感兴趣的事情，分散游客的注意力，让等待不是那么无趣。如果可以转到其他不拥堵的路段，且不影响旅游计划执行，可跟当地导游与司机商量改换行车路线。特殊情况下不能变更行车路线时，领队应劝告司机耐心等待，提示司机不要做出鸣笛、大声辱骂、反道行车、双黄线调头等不文明或不安全的行为。这样领队才能更好地维护游客利益、保护游客安全，真正具备细心负责、严谨认真的职业素养。

任务目标

领队小敏带领游客在澳大利亚旅游期间进行城市间转移，请你向游客介绍出行的交通工具及司机，顺利地完成交通出行的工作流程，并对旅游期间的突发事件有积极的处理应对措施。

任务实施

请每个小组将任务实施的步骤和结果填写到活页的任务单4-3中。

任务评价考核点

(1) 熟悉领队境外带团交通出行的工作流程。
(2) 能预防和处理团队交通出行中的突发事件。

任务指导

一、境外带团交通出行的工作流程

(一)介绍境外交通出行的安排

在境外旅游的城市间转移之前，领队应向旅游者简单地介绍一下境外旅游中交通出行的行程安排，介绍境外城市间转移时间、地点及城市间转移的交通工具，告诉游客境外乘坐交通工具的要求。向游客介绍境外城市乘坐交通工具的注意事项，包括：交通工具的选择和乘车的位置、集合地点及停车地点。领队则应针对中国游客的特点对乘车工具进行重点介绍，许多游客是第一次出国，对国外交通工具的一些设备并不熟悉。即使是出国多次的游客，不同的旅游国家也需要了解各国城市间交通出行的情况，领队应对游客特别介绍这些情况。

(二)协助游客城市间转移

在向异地(下一站)转移途中，领队提醒游客注意人身和财物安全，安排好旅途中的生活，努力使游客旅行充实、轻松、愉快。领队必须熟悉各种交通工具的性能及交通部门的有关规定，如两站之间的行程距离、所需时间、途中经过的省会城市等。领队应协助当地导游分发登记牌、车船票,并安排游客座位或卧铺位,提醒游客随时注意人身和财物安全,尤其要保管好贵重物品和证件。领队自己要保管好旅游团队的行李托运卡和交通票据等。在境外城市间转移的交通出行工作中,领队应该协助当地导游引导游客有序入座,强调交通工具乘坐要求。老人、儿童或晕车的游客可以尽量安排在窗口的位置或者前排的位置。提醒游客乘车时,请勿将头、手、脚等伸出车外,严禁在车上嬉戏打闹、吸烟、携带危险品上车,车辆未停稳前请勿擅自下车,乘车途中保管好随身携带的物品。告诉游客保护环境、文明游览,勿向车外扔物品和垃圾。领队组织旅游团顺利登车(机、船),自己殿后。与交通部门工作人员(如飞机乘务员、列车乘务员等)处理好关系,争取他们的支持,共同做好途中的安全保卫和生活服务工作。做好途中的食、住、行工作。如果乘火车(或轮船)途中需要就餐时,上车(或船)后,领队应尽快找餐车(或餐厅)负责人联系,按该团餐饮标准为游客订餐。如该团有餐饮方面的特殊要求或禁忌,应提前向负责人说明,针对本团,要有始有终地照顾好信仰伊斯兰教游客的用餐安排。旅游团中若有晕机(车、船)的游客,要给予特别关照;游客突患重病,全陪应立即采取措施,并争取司机、乘务人员的协助。做好与游客的沟通工作,作为领队在全程旅游中,应尽可能多地与每位游客建立良好的合作关系,了解他们在旅游过程中的各种要求。此外,解答游客在乘坐交通工具过程中的提问,解决城市间转移过程中出现的突发事件。

(三)境外交通出行的小结

在下车时,领队应当对游客拟托运的行李数量进行清点,并协助游客领取自己的行李。询问游客境外交通出行的满意度以及交通工具乘坐等方面的意见,对游客境外交通出行进行小结,并对领队工作的疏漏之处在下一个行程点进行调整。

澳大利亚行程解析: 任务4-1《心动·澳大利亚一地七日游行程单》中第3天领队带领游客搭乘内陆航班飞往澳大利亚黄金海岸,而后前往昆士兰省首府——布里斯班Brisbane,这是澳大利亚第三大城市。从墨尔本飞往黄金海岸此次出行,领队应在登机前一天提前告知游客,将所有行李准备好提前到达墨尔本机场,以免影响全团出行。领队则应针对中国游客的特点对澳大利亚墨尔本机场进行重点介绍,许多游客是第一次出国,对国外交通工具的一些设备并不熟悉,即使是出国多次的游客,不同旅游国家也需要了解各国城市间交通出行的情况,领队应对游客特别介绍这些情况,以方便游客出行。

二、预防和处理团队交通出行中的突发事件

(一)旅游交通塞车事件的预防与处理

1. 旅游交通塞车事件的预防

领队应提前与导游、司机商讨计划内最新游览景点顺序、停留时间、时段等;提前告知游客行程安排,提醒游客按照计划准时出发,以确保行程顺利;提醒司机收听路况广播,避免驶入拥堵路段。

2. 旅游交通塞车事件的处理

行车途中遇到塞车，领队应该一边观察塞车发展情形，一边介绍游客感兴趣的事情，分散游客的注意力，让等待不是那么无趣。如果可以转到其他不拥堵的路段，且不影响旅游计划执行，可以和当地导游与司机商量改换行车路线。特殊情况下不能变更行车路线时，领队应劝告司机耐心等待，提示司机不要作出鸣笛、大声辱骂、反道行车、双黄线调头等不文明或不安全的行为。

(二)旅游交通事故的预防与处理

1. 旅游交通事故的预防

领队在接待工作中应该具有安全意识，时刻注意游客的安全。在旅游活动中，领队要与地接导游、司机密切配合，协助司机做好安全行车工作。在安排活动日程时，应该在时间上留有余地，不催促司机为抢时间、赶行程而违章、超速行驶。禁止非本车司机开车。长途行车时，应注意观察司机状态和路面情况，提醒司机及时到服务区休息，以防司机疲劳驾驶、精力不济，造成严重的后果。提醒司机不要饮酒，如遇酒后驾车的司机，领队应该立即阻止，并报告旅行社有关部门，要求改派其他车辆或调换司机。

2. 旅游交通事故的处理

交通事故在旅游活动中时有发生，不是领队所能预料或控制的。遇到交通事故，只要领队未受伤、神志清醒，就应该立即采取如下措施，冷静、果断地进行处理，并做好善后工作。

组织人员，实施抢救。发生交通事故出现游客伤亡时，领队与导游应该立即组织现场人员迅速抢救受伤的游客，特别是抢救重伤员；如果无法就地抢救，应该立即将伤员送往距出事地点最近的医院抢救。

保护现场，立即报案。交通事故发生后，不要在忙乱中破坏现场，应该指定专人保护现场，并尽快通知交通、公安部门，请求派人速到现场调查处理。

报告领导，请求指示。将受伤游客送往医院后，导游人员应该迅速向接待社领导报告交通事故的发生以及游客的伤亡情况，听取领导对下一步工作的指示。

安抚游客，继续游览。交通事故发生后，领队应该与导游人员一起做好团内其他游客的安抚工作，继续组织该团的参观游览活动。事故原因查清后，导游人员应该向全团游客通报。

写出报告，说明情况。交通事故处理结束后，导游人员要写出事故处理报告，内容包括：事故的原因和经过；受伤游客的抢救经过、治疗情况；事故责任及对责任者的处理；游客的情绪及对处理结果的意见等。报告力求详细、准确、清楚(最好和领队联名报告)。

(三)其他境外交通出行中的突发事件处理

在境外,当游客有不遵守公共秩序的行为,如游客在乘坐交通工具时以及在机场、高铁站、汽车站等场所大声喧哗、不排队等候乘车,或插队闹事等时,领队在适当的时机需要反复提醒游客礼貌用语和规范行为,强调出国是代表了中国人的形象,激发游客的责任意识。当游客在境外交通出行时有其他特殊要求,比如说对乘坐交通工具特殊要求的处理、要求换乘、要求单独乘坐特等车位、要求推迟乘车时间等,出现这些情况,领队在交通出行前要多次提醒,询问游客是否有特殊的乘车要求。对游客的特殊要求,要区别对待。要特别提醒游客因个人特殊原因产生的乘车费用,游客需要自行承担,并及时满足游客需求。

领队带领团队恪守时间并遵从计划

工作任务四　游——带领团队游览观光

思政案例导入

游客被驱逐出境,领队是否有责?

某国际旅行社组织了一个去澳大利亚的旅游团,在出境前领队未对游客讲解有关风俗和禁忌,一位游客参与了街头的扑克赌博,结果被当地警方处以重罚,并驱逐出境。游客认为是旅行社没有讲清楚,要求赔偿。

(资料来源:https://www.duozhuayu.com/books/329652274563519169)

【案例解析】此案例说明领队在讲解中提醒和忠告的重要性。人常说"入乡随俗,入国问禁",领队作为旅行社的代表,有责任有义务对旅游地的法规、风俗和禁忌进行讲解,遇到要点一定要反复强调,必要时也可以适当引用典型事例起到警示的作用。因为这不仅关系到责任问题,而且一旦出了问题,对整个旅游团和整个旅游活动都会产生很大的负面影响。

因此,领队在境外要时刻提醒游客注意生活习惯、理念差异,避免言行举止不合时宜而导致的不文明现象。避免旅游者出现触犯他国法律的不文明行为。引导旅游者爱护公物、文物,遵守交通规则,在旅游过程中保持良好心态,尊重他人权益、遵守规则、恪守契约、包容礼让,展现良好形象,通过出境旅游提升游客文明素养。

任务目标

领队小敏带领游客游览澳大利亚,请你向游客介绍游览行程中的景点并顺利地完成游客游览的行程安排，对游客游览过程中的突发事件有积极的处理应对措施。

任务实施

请每个小组将任务实施的步骤和结果填写到活页的任务单4-4中。

任务评价考核点

(1) 熟悉领队境外带团游览服务的工作流程。
(2) 能预防和处理团队境外游览过程中的突发事件。

任务指导

一、领队境外带团游览工作流程

(一)游览前的行程事项提醒

领队在游览前应提醒游客做好物质准备和心理准备。要根据每天的天气预报提醒游客增减衣服、携带雨具、穿戴适宜的鞋帽或是根据天气带防晒用品等。提醒游客注意饮食卫生，不吃不洁食物，不喝生水。气候干燥时，尤其在盛夏季节要提醒游客多喝水。适当调整游览时间，保证游客得到充分的休息。贵重物品随身携带，游览时要保管好等。心理上保持积极的情绪。境外的自然和人文景观的确诱人，但是景点周围的设施、环境、饮食和服务可能不尽如人意，此时尽量保持心情愉快，不被外界环境影响情绪。

领队在境外带团游览前应该让游客熟悉境外旅游景点游览先后顺序和时间，指导游客做好游览前准备。让游客清楚地了解每日计划行程，在抵达境外某地首日，领队与导游就应将本地的计划行程告诉游客。旅游团在某地的游览观光，常常会因为交通、天气等原因进行调整，未必会原原本本完全按照游客手中的行程表进行。领队在与导游进行旅游行程磋商后，要将调整后的日程及时通知到每一位旅游者。每天上车后第一件事就是公布游客当日行程。旅行团当日计划行程要让游客心里有数，因而领队及导游每天上车向游客问好之后，最先要讲的事，就应该是当日的计划行程，并且在一天当中还要多次提及。如在午后，对当日下午的行程，应再次重复，以便使游客始终有清晰的认识和遵循计划的意识。当天游览结束后，领队或导游应该将次日的全部行程、出发时间和注意事项提前告诉游客，特别是如果第二天的行程有对着装的要求(比如参观泰国大皇宫)，或晚上有活动安排返回饭店时间会很晚的时候，更应该着重提醒游客。领队还需要提醒旅游者注意相关习惯、理念差异，避免言行举止不合时宜而导致的不文明现象。避免旅游者出现触犯他国法律的不文明行为。引导旅游者爱护公物、文物，遵守交通规则，尊重他人权益。

项目四 领队境外带团的主要工作

案 例

游客为何被塞班的警察警告？

某旅游团赴塞班旅游，团内有一位李姓男士带着一名 9 岁的男孩。该团抵达塞班后，在入境大厅排队等待办理过关手续。时间稍长，小男孩不耐烦了，自己离队跑来跑去地玩。他的父亲大声地冲着男孩喊："你回来，不听话我就不管你啦。"边喊边用力地把小男孩拉了过来。过了一会儿，小男孩又要挣脱父亲，这时，他的父亲大声、严厉地训斥孩子："再不听话我就把你扔下。"同时，用手指狠狠地点了一下小男孩的额头。此时，突然上来两名警察，低声但很严肃地问："刚才是谁对自己的孩子如此粗暴？请跟我们到警察局去。"地陪 M 小姐见势马上很有礼貌地说："我可以把情况说明一下吗？"警察点头示意允许。她说："这个旅游团来自中国，中国的家庭都是独生子女，这位父亲很爱他的儿子。他告诉自己的孩子到国外要遵守规定，大厅里不能跑来跑去打扰别人。"警察听了之后又说："请告诉这位先生，他应该向自己的孩子道歉。"说完，二人便离开了。刚刚抵达旅游目的地，此事引发了全团一场虚惊。

事后，李先生不太高兴地对领队说："你未尽到领队的责任，刚才的事真是给中国人丢脸：出发前关于塞班的情况你讲得很少，我记得你只说了塞班是太平洋的一个小岛、旅游胜地，有自费项目，你有责任告诉我们一些注意事项。"

领队 H 小姐愧疚地向李先生以及全团道歉："我当了好几年的领队，今天这件事我第一次碰到，做领队这行要学习的东西太多，我承认自己失职，出发前没很好地学习塞班的有关文化、历史和习俗。"

提问：游客为何被塞班的警察警告？如何避免此类事件的发生？

(资料来源：https://www.dushu.com/book/11828390/)

【案例解析】

首先，该案例再次凸显行前说明会和领队出行告知义务的重要性。由于文化背景的不同，随之而来的是不同的法律制度和风俗习惯，在中国被认为是天经地义的事情，在国外也许被认为是违法或者不可接受的。正如案例中游客训斥儿子一事，在国内通常情况下被大多数成人所接受，绝对不会引起司法部门的重视，而在一些非常重视人权的国家，这种情况为法律所禁止，父母的行为会受到法律的惩罚。因此，组团旅行社和领队的职责之一，就是将国外的这些不同之处提前告知游客，促使游客的行为合乎国外的规定，避免游客在国外受到惩罚。案例中的领队恰好没有掌握这方面的知识，没有及时提醒游客，领队对上述不愉快情形的发生负不可推卸的责任。其次，只有不断学习和更新知识才能真正成为一名出色的领队。不论是新领队还是老领队，都必须活到老、学到老。取得导游证和领队证，仅仅说明在考试时掌握了导游和领队的基本知识和技能，而这种知识和技能很大程度上仅

111

仅停留在理论上和书本上，这些知识和技能是否能够取得实际效果，需要由带团实践来验证。即使是较有经验的领队，也有必要进行知识更新和拓展，满足不同层次游客的需要，适应不同旅游目的地带团的需要。

(二)游览中的细心周到服务

在境外游览过程中，领队应辅助导游完成游览计划，协助完成对旅游景点的讲解工作。境外景点及团队的讲解，是当地导游最主要的工作。领队应监督当地导游完成这项工作。在前往景点的途中，导游应向游客介绍本地的风土人情、自然景观，回答游客提出的问题。抵达景点后，导游向游客介绍该景点的简要情况，尤其是景点的历史价值特色。领队在导游讲解的过程中应给予辅助，对游客的质疑之处可以补充讲解、解答疑问。如果导游对其中的部分内容讲解不清，或因导游可能会对涉及的人名、地名的中文翻译不清楚，领队在旁可轻声提醒导游。针对中外两国文化对比及差异，对游客进行补充讲解并解答疑问。此外，在游览过程中提醒游客注意事项，保护游客的人身、财产安全。提醒旅游者尊重当地风俗习惯、宗教禁忌。在有支付小费习惯的国家和地区，应引导旅游者以礼貌的方式主动向服务人员支付小费。向旅游者倡导绿色出游、节能环保，宜将当地的环保常识和方法向旅游者进行说明。引导旅游者爱护境外旅游目的地的自然环境，保持旅游场所的环境卫生。领队人员应引导旅游者在旅游过程中保持良好心态，尊重他人、遵守规则、恪守契约、包容礼让，展现良好形象。通过旅游提升文明素养。提醒旅游者注意基本的礼仪规范：仪容整洁，遵序守时，言行得体。提醒旅游者不在境外公共场合大声喧哗、违规抽烟，提醒旅游者依序排队，不拥挤争抢，争做文明的中国旅游者。

在境外旅游过程中，每抵达一处景点，领队及导游应告诉游客在景点停留的时间，以及参观游览结束后集合的时间和地点，还应向旅游者讲明游览过程的注意事项。要告诉游客，没有跟上团队走散以后的集合点，并希望游客能把手机打开，以便在游客落队后进行联络。导游在游览中主要的工作任务，是率领游客游览并进行现场讲解；领队在此刻所担当的主要任务，应该是组织协调。领队应随时清点人数，以防游客走失。因而，领队的站位，应该始终是在团队的最后，与导游形成首尾呼应。

(三)游览后的情感升华

在旅游团结束参观游览工作后，领队协助当地导游帮助游客回顾当天参观的内容，或做必要的补充讲解，回答游客的问题。进行回程途中的风光导游(当旅游车不从原路返回时)向游客预报当晚和次日的活动日程、出发时间和集合地点等，下车时提醒游客带好随身物品，并照顾游客下车。

领队引导游客加强对中外两国文化的认知提升。理性正确地看待他国之美，激发游客感受本国之美，树立文化自信。感恩中华优秀传统美德，在欣赏他国文化之美的同时，引导游客对本国文化的热爱，在文明中享受美景，激发游客在异国他乡对家国情怀的进一步升华。

澳大利亚行程解析： 任务 4-1《心动·澳大利亚一地七日游行程单》中第 4 天领队带领游客游览黄金海岸(Gold Coast)中的天堂农庄(Paradise Country Farm)。领队可以提前向游客介绍占地 12 公顷的天堂农庄是澳大利亚金字招牌，来澳大利亚旅游都冲着它地广人稀的沙漠、绵白细薄的海滩和遍地是黄金的农场。农场充满浓郁的乡村田园气息，天堂农庄里表演的项目甚多，骑马、甩鞭、牧羊、挤奶、剪羊毛、喂袋鼠，这些都是牧民们日常生活的必需，而这些恰恰是大城市里的人们平时经常听到、非常感兴趣却没有机会目睹和尝试的。在这里，领队告知游客们不仅可以参观，还能够直接参与，尽情地享受天堂农庄的美景美食。

二、境外常见游览中突发事件的预防与处理

(一)游客自身原因导致突发事件的预防与处理

1. 游客患病的预防与处理

游客从居住地到旅游目的地，经过长途旅行，加上气候变化、水土不服、起居习惯改变等原因，使得体力消耗较大，旅游团中年纪较大、有慢性病、体质较弱的游客很难适应，往往会引发个别游客在旅途中旧病复发、生病甚至死亡等事故。导游人员应该从多方面了解游客的身体情况，照顾好他们的生活起居，经常提醒他们注意防病，尽力避免人为的原因致使游客生病。游览时，可以在游客之间进行了解，察言观色，对身体肥胖或瘦弱、走路缓慢费力、面部表情和举止异常的游客多留意，预防突发疾病的发生。安排游览活动，如果旅游团中老弱病残者较多，安排活动日程时应留有充分的余地，做到劳逸结合，例如活动节奏不要太快、体力消耗较大的项目不要集中安排、晚间活动安排不宜时间过长等。

游客患一般疾病的处理：首先提醒其及时就医并注意休息。游客患一般疾病时，领队要劝其尽早去医院就医，如果有需要，领队应该陪同患者前往医院就医。其次关心游客的病情。如果游客留在饭店休息，领队要前去询问其身体状况并安排好用餐，必要时通知餐厅为其提供送餐服务。最后向游客明确说明看病费用自理，领队不要擅自给患者用药。

如何证明领队行为得当？

2017 年某旅游团赴港澳旅游，按行程计划到香港尖沙咀商场购物。领队小周讲明各项注意事项后带领大家乘坐商场电梯，突然团里一名 10 岁小女孩的脚趾被卡在电梯边缘与皮带之间的夹缝里，整个电梯戛然而止。小女孩的母亲用力地想将她的脚拉出来，小女孩痛得大哭，小周立即用手机报警。警察赶到后，将小女孩的凉鞋剪断，再慢慢地将脚拉出(小周用相机将此过程拍下)。在警察的提醒和陪同下，他们进入商场电梯监控室，监控视频显示：小女孩的脚不停地在电梯的夹缝里踢玩，才导致被夹。急救车到来后，小周背着小女

孩同她的母亲一道,去香港某医院接受检查和治疗。但是小女孩的母亲坚持认为:领队应该赔偿其医疗费、营养费等各种费用。

请分析:领队应该提供哪些材料证明自己行为得当?

(资料来源:https://www.duozhuayu.com/books/329652274563519169)

【案例解析】

领队可以提供如下材料。

(1) 商场的监控,证明过失在小女孩自己,而且母亲没有尽到应有的监护作用。

(2) 地接社写出的事件发生经过证明,并有客人和导游签名,附带施救过程录像。

(3) 团内的旅游者(两人以上)写出事件发生经过证明。

(4) 医生开出的诊断抢救证明以及医药、治疗等费用收据及发票。

2. 游客旅游景点走失事件的预防与处理

在参观游览时,游客走失的情况时有发生,虽然未必都是领队的责任,但无论是哪种原因造成游客走失,都会影响游客的情绪,严重时会影响旅游计划的完成,甚至会危及走失游客的生命和财产安全。领队必须加强责任心,周到细致地工作,预防此类事故的发生。

领队每天都要协助导游向游客报告当日的行程,讲清上午、下午的游览地点,中、晚餐用餐的地点和餐厅的名称。下车后进入游览景点之前,当地导游要告知全体游客旅游车的停车地点、车号及旅游车的特征,并强调开车的时间。进入游览景点后,地陪要在该景点的示意图前向游客介绍游览线路、游览所需时间、集合的时间、地点等。此外,领队要经常清点人数,时刻与本团游客在一起活动,注意游客的动向。当有游客单独外出时,提醒游客带上饭店的地址,自由活动不要回饭店太晚,不去秩序混乱的地方,建议其最好结伴同行、不要走得太远等。

游客走失的处理:首先了解情况,迅速寻找。如游客在游览时自己走失,当地导游应该立即向游览地的相关部门报告,地陪带领其他游客继续游览。领队、全陪分头寻找。努力做好善后工作。找到走失的游客后,领队应该问清情况,分析走失的原因;如果是自己的原因,应该向游客道歉;如果责任在走失者,应该对其进行安慰,讲清利害关系,提醒以后注意。最后写出事故处理报告。如果发生严重的游客走失事故,领队应该写出书面报告,内容包括游客走失的经过、走失原因、寻找的经过、善后处理及游客的意见等详细情况。

3. 对游客要求变更旅游计划的处理

旅游团抵达后,因为某种原因,游客要求不去游览计划内景点,而换成其他景点游览。对于这种情况,领队应该劝说游客前往计划内景点游览,并声情并茂地介绍该景点。如果游客坚持更换景点,领队应在征得当地导游和全体游客同意后请示旅行社,请游客签字声明是游客要求更改行程。因此变更行程新增的费用,要提前告知游客并向游客收取,同时告知旅行社相关部门及时更改接待计划,并开具发票。领队持更改后的计划组织游客继续游览。

项目四　领队境外带团的主要工作

案例

境外导游人员强迫旅游者参加额外付费导游项目

某具有出境游资格的国际旅行社打出广告，声称以"低廉的价格、优质的服务"为旅游者提供线路。某公司为了增强和全国各地客户的感情联络，决定组织所有的客户经理参加境外旅游。经过与旅行社的洽谈和协商，该公司决定全额支付旅游费用，并按照旅行社的要求，为每一位客户支付了 500 元的境外自费项目，同时书面约定，所有客户不需要在境外支付其他任何费用，除非客户们主动提出参加某些项目。组织旅游团到达境外后，境外导游员给旅游者一份自费项目目录和价格，供每一位旅游者选择，境外导游员同时规定，每一位旅游者缴纳自费项目费用 1500 元，否则就不再提供服务。在整个过程中，领队一言不发。由于身处异地他国，这些客户被迫按照境外导游员的要求，每人支付了 1500 元自费项目的费用。回国后，旅游者向组团社提出返还 1500 元的要求被拒绝，便向旅游管理部门投诉。

提问：

(1) 针对上述问题，旅游管理部门应当如何处罚该国际旅行社和领队？

(2) 旅游者已经缴纳的 1500 元自费项目费用是否应当返还？为什么？

(资料来源：https://www.duozhuayu.com/books/329652274563519169)

【案例解析】

(1) 根据《中国公民出国旅游管理办法》的规定，由于领队没有及时制止境外导游人员强迫旅游者参加额外付费项目，由旅游行政部门对组团旅行社处组织该旅游团队所收取费用 2 倍以上 5 倍以下的罚款，并暂停其出国旅游业务经营资格，对旅游团队领队暂扣其领队证；造成恶劣影响的，对组团旅行社取消其出国旅游业务经营资格，对旅游团队领队吊销其领队证。

(2) 该国际旅行社应当全额退还旅游者缴纳的 1500 元。因为旅游者的消费出于被迫，而不是自愿，境外导游人员的行为剥夺了旅游者的自主选择权，该国际旅行社是组团旅行社，必须对此承担责任。

4. 对挑剔的游客抱怨的处理

领队在工作过程中，难免会遇到一些挑剔的游客，他们刻意刁难导游，喜欢抱怨，经常提出一些不合理的要求。比如，有的男游客要求女导游陪他喝酒，甚至提出其他非分要求。领队这时应该保持冷静，既热情好客，又要始终坚持不卑不亢的原则。领队对游客要以礼相待，耐心解释，避免与不文明的游客发生正面冲突，以免影响旅游活动，造成不良后果。如果游客一意孤行，领队可请当地导游或团队中德高望重的人出面协调解决，或直接面对全体游客，请他们帮忙劝说。确有困难时，领队应该向旅行社汇报，请求协助。

案例

境外旅行社降低接待标准

2015年11月,王某等15人参加了某国际旅行社组织的"新加坡、马来西亚、泰国、中国香港十五日贵宾旅游团"。后因境外旅行社接待中出现服务质量问题,王某等遂向旅游行政管理部门投诉,要求旅行社赔偿损失。经查,境外旅行社在安排的住宿、交通、餐饮等方面确实存在低于原合同约定标准的情况。

提问:游客如何应对境外旅行社降低接待标准的情况?

(资料来源:https://www.duozhuayu.com/books/329652274563519169)

【案例解析】

(1) 旅行社应当承担赔偿责任。根据《旅行社管理条例》的规定,因境外旅行社违约,使旅游者权益受到损害的,组织出境的国内旅行社应当承担赔偿责任,然后再向境外旅行社提出赔偿。

(2) 根据《旅行社质量保证金赔偿标准》的规定,旅行社安排的旅游活动及服务档次与协议、合同不符,造成旅游者经济损失的,应退还旅游者合同金额与实际花费的差额,并赔偿同额的违约金。

(二)外界客观因素导致突发事件的预防与处理

1. 治安事故的预防与处理

在旅游过程中,遇到不法分子行凶、诈骗、偷窃、抢劫等,受到不同程度损害的事件,统称为治安事故。领队在接待工作中要时刻提高警惕,采取有效措施,尽量防止治安事故的发生。领队应提醒游客不要让陌生人进入房间,不要与私人兑换外币。建议游客将贵重财物存入饭店保险柜。离开旅游车时不要将贵重物品和证件留在车内。旅游活动过程中,领队要始终和游客在一起,注意观察周围的环境和动向,经常清点游客人数。

治安事故的处理:领队如果遇到境外治安事故不能置身事外,更不能临阵脱逃。发生治安事故时,在场的领队应该毫不犹豫地保护游客。若歹徒对游客行凶、抢劫财物,领队力争挺身而出,勇敢地保护游客的生命和财产安全,与在场的群众或其他人员一道缉拿罪犯,追回钱物并尽快将游客转移到安全地点。如有游客受伤,应立即组织抢救。此外,领队应立即报案。治安事故发生后,领队应该根据案情和经过,提供作案者的特征,告知受害者的姓名、性别、国籍、伤势以及损失物品的名称、数量、型号、价值等。然后稳定游客,治安事故发生后,领队应该采取必要的措施稳定游客的情绪,努力使旅游活动顺利地进行下去。

最后领队应做好善后工作,写出报告。治安事故发生后,领队应该写出详细、准确的书面报告。报告除上述内容外,还应该写明案件的性质、采取的应急措施、侦破情况、受害者和旅游团其他成员的情绪以及有何意见、要求等。准备好必要的证明资料，处理好各项善后事宜。

2. 涉外突发事件处理

如果在境外游览过程中，发生涉外突发事件，如战争、民族冲突、大型罢工和自然灾害，领队当以人为本，减少危害，最大程度地减少涉外突发事件及其造成的游客伤亡和危害。在加强防范、预防为主的前提下，增强忧患意识，坚持预防与应急相结合，做好应对突发事件的各项准备工作。快速反应，协同应对，加强与中国驻他国大使馆、境外国际旅行社和中国旅行社有关部门等相关单位的密切协作。

领队与境外导游的密切合作

工作任务五　购——带领团队境外购物

思政案例导入

领队带团购物中是否有差错？

2019年"十一"期间，某组团社与客人签订的赴澳大利亚出境游合同中规定，全程购物次数不超过10次，每次购物时间控制在60分钟内。在墨尔本，地接导游发现团员在商店购物很少，回程路上态度冷漠，且提前停车让客人步行回酒店。领队边走边自言自语道："不买东西，恐怕连饭也不给吃了。"第二天购物时，地接导游与游客较劲，故意延长购物时间；回程路上，地接导游帮助司机推销纪念品，客人觉得贵不买，地接导游动员每人交10元作为小费给司机，全车人无一不交。

提问：领队的言行都有哪些问题？领队该如何做才正确？

【案例解析】领队发现地接导游让客人步行回酒店，没有及时制止。领队应维护旅游者的合法权益，对使旅客权益受到损伤的事要及时地制止。领队与地接导游的关系处理得不得当。地接导游表现出强迫购物倾向时，领队一定要有理、有利、有节地阻止，必要时报告组团社。领队回来的路上，一直抱怨地接导游做得不好。领队对地接导游工作有意见应该及时和地接导游私下沟通。领队见到地接导游向游客索要小费，应予以制止。案例中领队应该不断提升带领游客境外购物的规范操作意识，维护游客利益、顾全大局，铸造出领队"干一行、爱一行、专一行、精一行"的敬业精神。

任务目标

领队小敏带领游客境外购物，请你向游客介绍当地购物行程，顺利完成境外购物的工作流程，并对游客购物退税以及突发事件有积极的处理应对措施。

任务实施

请每个小组将任务实施的步骤和结果填写到活页的任务单 4-5 中。

任务评价考核点

(1) 熟悉领队境外带团购物服务的工作流程。
(2) 能协助游客完成退税工作并处理在购物中的突发事件。

任务指导

一、领队境外带团购物服务的工作流程

(一)介绍境外购物流程

中国游客多数很喜欢购物，购物作为出境旅游中的一项主要活动，国内的组团旅行社的团队旅游正常行程中一般都会着重安排。因此，顺利完成购物是旅游行程中的约定之一。领队在完成这项工作时，应努力使游客在购物活动中得到满足和愉悦。旅游团在境外购物前，领队和导游应向游客介绍本地商品的特色，告诉游客购物停留时间、购物服务流程。首先帮助游客登记护照信息和回程航班信息，发放团队购物航班信息卡；然后向游客介绍购物店特色和产品，提醒购物注意事项和退税手续办理；最后强调集合时间和地点。在游客购物过程中需要在场内协助游客完成购物，并在集合点等候。

在游客购物前，领队应提醒购物的有关注意事项，并做好准备随时向游客提供在购物过程中所需要的服务。根据我国的相关规定，肉类及其制品、水生动物产品、动物源性奶及其制品、蛋及其制品、燕窝(罐头装除外)、新鲜水果和蔬菜等动植物产品，都是明令禁止携带、邮寄入境的。因此，领队要特别提醒游客出入境前最好提前了解相关的法律法规，按照法律法规携带、邮寄物品，避免经济损失。

(二)协助游客境外购物

领队在游客购物时，尽量使游客买到心满意足的商品。游客出国旅游往往需要购买许多礼物带回，领队应充分考虑到游客的心情，尽可能地在时间上予以保证，在游客挑选时予以帮助，及时维护游客的利益不受损害。领队在购物场所往往也要自行购物，一些女性领队对购物也十分钟情，但需要注意的是，领队应当将为游客提供购物的帮助放在首位，不能只顾自己购物而疏远了团内游客。此外，领队应保持对购物安排的警戒。领队需要监督导游将安排购物的次数限定在行程中规定的范围之内。如导游拟增加购物次数，需与领队商量，并必须征得游客的同意。购物场所的环境应当是良好、舒适、安全的，如果导游带领游客到反锁大门的商店购物，领队应以游客安全为由立即向导游提出质疑。领队要根

据接待计划规定的次数、购物场所和停留时间严格监督地接导游的导购服务工作。

有些游客可能会提出增加购物点或需要地接导游带自己去购买一些特色的纪念品，领队和地接导游应充分考虑游客的心情，尽可能在时间上满足客人的要求，但增加的购物点必须征得所有客人的同意并签字后才能前往。

购物时，领队要提醒游客尽量亲自参与购物的全过程，不要轻易委托地接导游或他人代理购物，确需要地接导游代购时也要主动索要购物凭证。一些国家和地区为鼓励境外游客消费，对在退税定点商店购买的随身携运出境的物品实行退税政策。游客在境外标有"Global Blue Tax Free Shopping"(环球蓝联退税购物)的商店购物后，领队需要提醒客人按照相关程序及时办理退税。

(三)提醒游客完成退税

领队要了解欧洲等境外国家的退税规定，并告诉游客购物退税的规定。购物时，要提醒游客别忘记索要发票。欧洲退税的要求是：在有退税标志的商店购物，要有专用发票，并盖有海关章。领队需要自己先了解退税政策和退税方法，并将退税流程告知游客。一般来说，境外购物后的退税流程：购物前提醒——购物柜台提供护照领取退税单——退税单上填写个人信息——购物店退税柜台办理手续并盖章——提醒游客保管好退税单——机场海关确认——隔离区退税。

作为领队，需要反复提醒游客注意以下三个方面事项，避免问题发生：一是退税单一定和退税时办理的个人护照对应保管，不要弄混，否则会因为个人信息不正确而无法退税；二是手续必须齐全，各个购物店可能要求不一样，需要认真听取地接导游的介绍和柜台销售人员说明；三是团队航班信息卡等资料不要丢失，且需要提供给柜台销售人员，注意购物后取回时检查是否是自己的信息卡，不要和其他团队的混淆。

澳大利亚行程解析：任务4-1《心动·澳大利亚一地七日游行程单》中含有购物安排，领队应落实购物补充协议是否签署，并能就澳大利亚各购物店商品特色向游客进行简单介绍。如介绍澳大利亚DFO(免税店)以及奥特莱斯相关资料，介绍澳大利亚特产，如UGG、绵羊油、羊毛被、保健品等游客热衷购买的物品，并协助游客办理退税。

二、领队带领游客购物技巧

(一)购物事项言简意赅

在提供购物服务和产品介绍时要强调境外国家和中国海关规定的差别，购买物品种类和数量是否符合出入境的规定，并提醒游客一定要遵照执行，以避免不必要损失。如法国对出入境游客明确规定，携带以下物品免缴海关关税：200支香烟或50支雪茄烟、1升烈酒、2升葡萄酒、250毫升化妆品、50克香水、500克咖啡、100克茶、自用物品及自用药物。携带价值1万欧元以上的现金、超过免税限量的自用品、用于商业目的的物品入境，须向海关申报。因此，领队应根据不同国家的海关规定提醒游客购买物品种类和数量是否符合出入境的规定，以避免不必要的经济损失，从而引起纠纷。

(二)商品宣传实事求是

抓住游客关注点，介绍商品特性，商品特色是吸引游客购买的直接原因。对于境外购物，游客一不小心就被坑被骗了，所以作为领队要为游客着想，推荐游客买货真价实的商品，境外购物中最怕是买到假货，尤其是以高价买假货，所以作为领队一定要了解境外产品的质量，细心发掘境外哪些商场货真价实，带游客购物时推荐质量过硬的物品，协助游客买到满意的商品，得到游客们的好评对领队的工作开展是最有利的。

(三)导购服务贴心细致

价格优势和质量保证是保障游客能够毫无顾忌地购物的主要因素。把每一个游客都当成自己的朋友，处处关心和帮助游客，细心详细地解说当地的好的值得购买的特色商品，了解游客的需要，让游客心甘情愿地购买自己喜欢的特产和物品。领队带领游客购物时心态要放好，动机要摆正，出发点要为游客着想，不要太贪婪，生活并不是光有钱就快乐的，做一个让游客称赞并满意的领队才是一生的财富和快乐。

三、游客购物的常见问题处理

旅游购物退货问题是旅游中常见的问题，如果游客对买到的商品不满意，需要退换时，领队和地接导游应该及时帮助游客处理，但事先要向游客讲清楚注意事项。

(一)退货问题处理

(1) 在没有强迫或者变相强迫、欺骗或者变相欺骗的前提下，作为完全民事行为能力的人，旅游者购买了旅游商品，应当认定该行为是旅游者真实意愿的表现，旅游者应当对自己的购买行为负责，必须承担购买商品的后果。

(2) 在没有无条件退货承诺地区旅游购物，旅行社和地接导游无须承担责任，但必须履行协助义务，与购物商场联系，协助旅游者退货。在承诺无条件退货地区的旅游购物，领队和地接导游应当把退货的注意事项提前告知旅游者，并协助退还商品。

(3) 如果旅游者在旅行社安排的购物场所所购商品系假冒伪劣商品，旅游者提出退货并索赔的，旅行社应当积极协助退货并理赔。自索赔之日起超过90日，旅游者无法从购物点获得赔偿的，旅行社应当先行赔付。

(二)退税问题处理

(1) 传统的退税方式有信用卡退税和现金退税两种，由于程序复杂、耗时，许多中国游客无奈放弃了这个省钱的机会。其实，境外购物退税完全没有想象得那么复杂，加上支付宝退税、微信退税方式的兴起，退税只是几分钟的事儿，应享受的权利切莫白白浪费。因此，领队应告知游客如何快捷地办理退税手续，保证游客的利益。

(2) 在境外购物时提醒游客必须正确填写退税单。首先必须要确定所在旅游城市是否有针对国外消费者退税的相关服务。如果有，还要找到能够退税的专门商店，一般有着蓝白灰三色退税购物(TAX FREE SHOPPING)专用标志的商家可以退税。最重要的是，在该商店完成购物之后，一定要填写好退税单。可以凭消费单据和护照向店员索要退税单，注意姓名、护照号码、购物金额、退税金额等项目不要出错，不然很可能无法退税。

(3) 在境外购物退税时，退税前商品不能拆封。要顺利退税，还必须在离开购物国或最后一个欧盟国家时，向海关官员出示你所购买的未经使用的商品、商店收据和护照，海关官员核准后将在退税单上盖章。如果没有这枚海关印章，退税将半途而废。

案 例

客人购物理性维权、旅行社违约赔款

2019年2月，某合资制衣领导决定奖励全厂赴香港旅游。全厂职工分成两家组团旅行社出境。两个组团社的行程完全相同，而入住酒店不同。在港的游览行程都被安排三次进商店购物(珠宝、名表、免税店)。按旅游合同规定，购物时间为进店不超过60分钟。该团出发前，两家旅行社的计调人员分别与该制衣厂的领导签订了出境旅游合同。

第一天，甲组团社的游客购物很少，地陪不满意，就不太讲话，在离酒店还有300米远的地方就停下，客人不得不步行300米到酒店。这显然就是怠慢客人。

第二天，结束香港的游览，客人将投诉传送到组团旅行社的总经理办公室。

一、组团社有违约责任；根据已签订的出境旅游合同第五项第二款，旅行社擅自延长购物时间，应支付旅游合同总价1%的违约金。

二、旅行总费用中已含小费，为什么在香港还要客人向导游交50元钱，但他们人在他乡，出于无奈也交了。

提问：案例中领队与地陪导游存在哪些违规行为？

【案例解析】

首先，在购物活动中，领队应根据合同限制购物的时间和次数，否则就违背出境旅游的本意，有损客人的权益，此案例中领队没有做到维护客人权利，导致旅行社违约。

其次，在境外旅游期间，领队应尽量与导游员、司机处好关系，共同协商，把旅游活动安排好，让客人满意，但领队也有监督地陪的责任和义务，遇到地陪或司机提出无理要求或者侵犯客人利益的，如随意延长购物时间或增加购物次数以及额外收费时，领队理应站出来与导游员交涉，进行阻止，维护客人的正当权益，必要时向地接社投诉，并向国内组团社报告。

再次，因该团购物"不好"，地陪让客人步行300米走回酒店，这是随意降低服务标准的行为，领队应立即指出，并选择适当时间督促地陪向客人道歉。

最后，领队的一言一行都代表组团社，领队违约就是组团社违约。此次投诉的处理结果是：甲组团社的有关领导带两名领队一起前往该制衣厂，向有关领导道歉并按其合理要求进行赔偿。这里要提一下的是，乙组团社的两辆车上的地陪也与客人达成收 50 元小费的协议，但一位有经验、负责任的领队立刻站出来对大家讲："这个团是贵厂的奖励旅游团，大家的小费已包含在团费中，我们旅行社与贵厂已签订了旅游合同，你们再拿出 50 元，对我们组团社来讲，就意味着违反合同的约定。如果大家一定愿意拿钱，你们要签名，我也要在纸上签名写明我们的意见。"领队坚持原则，不支持地陪这种带有强迫性的做法，车上的游客沉默了几秒钟后，不约而同地鼓起掌来。该制衣厂的领导表示今后出游要找乙组团社，因为他们的领队好，做事为游客着想。

境外购物退税
实用攻略

工作任务六　娱——带领团队完成娱乐活动

思政案例导入

2019 年 3 月，导游员王某受旅行社委派带团赴新、马、泰旅游，当行至泰国时，游客李某提出请王某带其到色情场所"见见世面"的要求，导游人员王某对此要求当即予以拒绝。为此，游客李某觉得很没面子，心怀不满，在团里散布有辱王某人格的闲话。

【案例解析】

（1）导游员王某有权拒绝游客的不合理要求。因为李某提出的要求是违反导游职业道德的不合理要求，对此，按《导游人员管理条例》的有关规定，导游员有权拒绝。

（2）导游员王某对侮辱其人格的行为有权向有关部门控告反映，依法维护自己的人格尊严。

任务目标

领队小敏带领游客在澳大利亚进行娱乐活动，请你向游客介绍当地的特色娱乐项目并顺利完成游客娱乐活动的工作流程，并对游客娱乐活动期间的突发事件有积极的处理应对措施。

任务实施

请每个小组将任务实施的步骤和结果填写到活页的任务单 4-6 中。

任务评价考核点

（1）熟悉领队境外带团完成娱乐活动的工作流程。

（2）能预防和处理团队完成娱乐活动中的突发事件。

任务指导

一、领队境外带团完成娱乐活动的工作流程

(一)介绍境外娱乐活动

人们外出旅游,通过观赏和参与娱乐活动,获得新的体验和了解更多的异地文化,更重要的是可以通过娱乐和休闲让自己得到真正的放松。所以,领队对娱乐活动的设计与组织要注重其健康性、教育性、娱乐性、趣味性,以此来保证娱乐活动组织与实施的质量和效果。根据娱乐活动的类型,我们可以把它分为三类:欣赏性娱乐活动、参与性娱乐活动和游客自娱活动。

1. 欣赏性娱乐活动

欣赏性娱乐活动主要以观赏表演为主,例如欣赏境外各国的歌舞剧表演(维也纳金色大厅歌舞剧、悉尼歌剧院歌舞剧、纽约大剧院歌舞剧等)境外各国娱乐表演(杂技、魔术、水上芭蕾等)。在观看表演之前,为了让游客尽兴,满足其对地方、民族特色文化的好奇心,领队事先要对表演和剧目的内容、特色有一个详尽的了解(剧种、历史背景、人物刻画、场景布局、服装道具、故事情节等),同时还应该在恰当的时机向游客介绍。

2. 参与性娱乐活动

休闲娱乐项目:这类项目通常在游客时间较为充裕时安排,如骑马、参与地方节庆活动、参与体育项目等。对于这类娱乐活动,领队要提前重点提示游客相关注意事项,如安全保障、活动技巧、民族习俗等。

特种娱乐项目:主要是一些寻求刺激、挑战自我的项目,如攀岩、蹦极、潜水等。这样的娱乐项目一般需要特殊的装备和技巧,不是所有的游客都能尝试的。领队一定要提醒游客签订保障合同、买好意外保险。

3. 游客自娱活动

有一些旅游团队的成员来自一个单位、一个地区,或者是熟悉的亲朋好友,他们会自行组织聚餐和舞会等娱乐活动。对于这样的娱乐活动,在不影响正常旅游行程和不违背境外法律法规的前提下,领队要尽可能地协助游客安排相关事宜。

在游客进行娱乐活动前,领队应该提前介绍境外娱乐活动行程安排,向游客简单介绍旅游行程中娱乐活动时间、地点及其活动项目。向游客介绍境外娱乐活动中的基本礼仪和要求。让游客在境外娱乐活动中玩得开心、玩得放心、玩得安心。

(二)协助完成娱乐活动

在境外的娱乐活动中,领队应该根据计划协助当地导游完成娱乐活动的组织安排。在为游客提供欣赏性娱乐活动时,要协助导游做好为游客购票、与司机约定行程、防止游客走散,保障游客安全等工作安排。此外在带领游客进行欣赏性娱乐活动时应主动引导游客入座,介绍娱乐项目的地点设施,介绍娱乐活动的特色。解答游客在娱乐过程中的提问,解决在娱乐过程中出现的问题。在旅游团欣赏娱乐项目的过程中,领队及导游应自始至终坚守岗位。这意味着,领队不能以演出看过多次为借口擅离职守。领队要提前告诉游客观看演出的注意事项。室内剧场演出会有许多限制,领队或导游应了解并事先告诉游客。比如观看演出时是否允许照相、摄像,演出结束后游客与演员合影是否应付小费、该付多少等。一些正规的芭蕾舞歌剧等演出,对观众的服装会有要求,领队及导游也需要提前告诉游客,以便有所准备。在国外的剧场观看演出时通常不允许吃零食、喝饮料,要特别提醒游客,不要违反剧场的相应规定,以免受到处罚。

在境外旅游过程中,适当地组织各种娱乐活动,不仅可以增加领队的语言魅力和亲和力,而且能够满足游客求新鲜、求奇特、求快乐的需要。在旅游途中,游客都希望在心情愉悦的同时增长见识,所以娱乐精神与知识素养对领队来说同样重要。有的领队工作技巧不一定很高,可服务很到位,结果客人自然满意。所以,话说得再好听,也不如做得好实在,领队服务就是要去拼态度。游客最后能给你写表扬信、送锦旗,肯定是你的服务态度让他感动了。这就是态度决定一切的魅力。领队在娱乐服务中不管幽默与否,都必须注意提高品位,以热爱祖国、热爱社会、热爱生活作为基本出发点。领队要以阳光、健康的精神面貌面对人生、面对生活、面对游客,用健康幽默的语言塑造"旅游快乐大使"的形象。

(三)提升游客娱乐满意度

娱乐活动结束后,领队应主动询问游客娱乐活动满意度,询问游客对娱乐活动地点、娱乐活动项目、娱乐活动幸福体验感等方面的意见,并适时调整。通常情况下,领队在带团娱乐活动中先概述,待游客完成娱乐活动后再进行总结讲解,同时回答游客的相关问题,对游客娱乐活动进行小结,并争取在今后的工作中适当地调整。

澳大利亚海上娱乐活动应该怎么玩?

澳大利亚人平时的生活状态基本是这样的:泡泡海,坐坐沙滩,吹吹海风,喝喝咖啡,躺在草坪上晒晒太阳,读读书、聊聊天。但你不要以为澳大利亚就是这么单调的一个地方,这里有你数都数不过来的海上娱乐活动、令人痴迷的浪漫的大堡礁、热辣刺激的热带雨林冒险,还有骑马、沙漠四驱车、滑沙各种体验。

澳大利亚行程解析: 任务4-1《心动·澳大利亚一地七日游行程单》中第4天黄金海岸(Gold Coast)的滑浪者天堂(Surfer Paradise),那里明媚的阳光、连绵的白色沙滩、湛蓝透明的海水、浪漫的棕榈林,游客们可以尽享沙滩的魅力,尽情地感受浪漫与阳光。如果在自

项目四　领队境外带团的主要工作

由活动期间，游客想进行一些有危险性的娱乐活动，如潜水、海底漫步、直升机、摩托车、四驱车、喷射快艇等项目时，则必须告诉游客需根据他们个人身体情况酌情选择娱乐项目，注意自己的人身安全，以免发生不必要的伤害。

二、常见团队娱乐活动中的突发事件的预防及处理

(一)计划内娱乐活动

全团要求更换计划内娱乐活动。如果全团要求更换计划内娱乐活动，而旅游团若时间许可，又有可能就调换，可申请旅行社调换；如无法安排，领队应耐心解释，明确告知票已订好，不能退换，请大家谅解；游客若坚持要求更换其他娱乐项目，领队可协助办理，但费用自理。部分游客要求更换其他娱乐项目时，处理方法同上。如果部分人所去的地方在同一线路，领队可与司机协调，尽量用一辆车接送；若不同路，可为少数人安排车辆，但车费自理。

(二)计划外娱乐活动

游客提出自费观看文娱演出或参加某项娱乐活动。如果部分游客提出自费观看文娱演出或参加某项娱乐活动，领队一般应予以协助，帮助购买门票、安排车辆等，但一般不必陪同前往；如果游客要去大型或情况复杂的娱乐场所，领队应提醒游客注意安全，必要时可陪同前往。

(三)要求去不健康的娱乐场所

如果有个别游客要求去不健康的娱乐场所和过不正常的夜生活时，领队应断然拒绝并告知中国的传统观念和道德风貌，严肃指出不健康的娱乐活动和不正常的夜生活是违规行为。

三、领队境外带团的其他工作

(一)返程国际机票确认

按照国际航空惯例，对于往返和联程机票，如果在某地停留时间超过72小时，无论是否已订妥后续航班机位，客人均需要提前至少72小时在该地办理后续航班的机位再确认手续。其一般方法是：打电话给航空公司告知是否按时乘坐后面航班继续旅行。否则，航空公司有权取消机位。领队在境外旅游期间，不能忽略了对全团的回程机票进行确认的工作。确认回程机票有两种方式：一种是领队自己打电话给航空公司办理确认，领队应事先打电话给所乘坐的航空公司，将机票预订号码、乘机日期、人数、领队或团队中一人的姓名告

知即可；另一种是领队可以请导游或境外的接待旅行社代为办理确认，领队在对当地情况不太熟悉的情况下，可以请接团的导游或者接待旅行社的计调帮助确认团队的回程机票。在出境旅游团队的实际操作当中，通常采取第二种方式居多，即请导游或接待社代为办理回程机票的确认手续。

(二)完成工作记录

领队在境外完成带团工作之余，需要填写领队日志并回收《旅游服务质量评价表》。领队日志是领队的每日工作记录，需要认真填写。领队要养成良好的工作习惯，无论当日的行程有多紧、身体有多劳累，也要将每天的最后一项工作——填写领队日志完成后才能休息。领队日志中应当包含领队带团工作中对每天接触和经历的接待社、导游酒店、用餐、景点游览等的简要记录和评价。领队除了自己需要完成领队日志外，在全部行程结束时，还需要敦促游客填写《旅游服务质量评价表》，将此表收齐后带回组团旅行社。

(三)进行总结发言

在结束一地的旅行，与当地导游、司机告别的时候，领队都应以组团社代表与游客代表的双重身份，即席发表一段总结发言。发言通常是在赴机场(车站、码头)途中，形式可借鉴国内导游的"欢送词"。领队简单的总结发言一般包括以下内容：简单回顾在此地的整个旅游过程，游览了哪些好的景点，品尝了哪些美味；感谢全体团员的合作；对后面旅途的憧憬，表达美好的祝愿；若前段旅游活动中有不顺利的地方或服务有不尽如人意之处，向游客道歉；代表团员向为此团服务的导游及司机表示感谢。此外，领队还应将小费交给导游与司机。领队在总结致辞的时候，对导游和司机表示感谢的同时，要当着全体游客的面将小费交给导游及司机。事先应将导游与司机的小费分开放在不同的信封当中。有些国家的司机小费是由导游负责给，领队应事先问清，尊重其习惯做法，将应给司机的小费一并交给导游即可。

领队对游客在境外活动的提醒

项 目 小 结

本项目主要让学生了解领队境外与导游的工作配合；熟悉境外下榻饭店入住及用餐服务；熟悉境外交通出行服务；熟悉境外购物及观看演出服务；熟悉境外游览过程的服务。培养学生与游客沟通的能力；培养学生的语言表达能力；培养学生对突发事件的处理能力。

思考与能力训练

一、简答题

1. 游客用餐时，领队该如何提供相应的服务？
2. 如何预防和处理在境外交通出行工作中常见的突发事件？
3. 游览过程中领队的站位在哪里？游览中领队应该提供怎样的服务？

二、实训题

实训一　食

分组：八人为一组，将班级分为五个黄金旅游线路小组，选出组长，以小组为单位建立一组属于本组的旅行团。每个组以所选择的黄金旅游线路国家为实训目的地。每组成员相互对以下三个问题进行组内提问，直到能流利地回答以下问题。

1. 领队如何与境外导游进行工作配合？
2. 游客用餐时的领队服务流程是什么？
3. 游客用餐时突发事件的预防及处理？

实训二　游

全班以组为单位，选择澳大利亚不同国家作为旅游团队目的地，并进行以下实训。

1. 根据自己所选旅游目的地国家，领队如何带领游客在境外完成游览活动？
2. 如何处理境外游客因疾病而产生的突发事件？

实训三　购

全班以组为单位，选择欧洲不同国家作为旅游团队目的地，并进行以下实训。

1. 根据自己所选旅游目的地国家，领队如何带领游客在境外完成购物活动？
2. 如何帮助游客顺利地完成购物后的退税工作？

项目五

他国出境与中国入境工作

【教学目标】

知识目标：掌握他国出境和中国入境服务流程和标准，掌握退税办理相关程序，熟悉中国海关以及中国边检的相关规定。

能力目标：能完成从他国出境和中国入境的具体细节及服务流程，能及时有效地处理各类突发状况。

素质目标：培养学生的标准意识，提升学生的应变能力和处事能力。

【关键词】

他国出境　隔离区服务　退税办理　中国入境　边检安检

工作任务一　他国出境及隔离区服务

思政案例导入

行业视窗：迪拜"离境智能"隧道

迪拜国际机场作为全世界最繁忙的机场之一，仅在 2017 年迪拜机场客流量就达 8820 万人次。为减少旅客出入境所花费的时间、实现智能城市的美好愿景，迪拜机场推出一种新式的智能过关门，只需要刷护照和"刷眼睛"，就能快速过关。不需要和别人一起排着长龙。通过"智能门"，只需要先扫描护照，然后再看着相机让脸部完整地扫描一遍就可以了。这样一套操作下来，只需花费 7~10 秒的时间。

这是针对入境的旅客推出的，现在迪拜机场也针对出境的旅客试运行免护照智能通道。迪拜移民总局(GDRFA)联合阿联酋航空(Emirates Airlines)在迪拜机场 3 号航站楼启动了智能隧道的试点运行，阿联酋航空的头等舱和商务舱的乘客在离境出关的时候不需要排队出示护照盖章，只需穿过智能隧道，看着配备生物识别系统的摄像头。乘客甚至不需要取出护照盖章，就可以离开这个国家了，整个过程不到 15 秒钟。据悉，这条隧道是由阿联酋和 Emaratech 公司联手打造的，配备了生物识别技术，旅客可以在没有人工干预的情况下完成离境手续。阿联酋旅游局局长 Mohammed Ahmed Al Marri 表示，考虑到迪拜机场不断增长的客流量，简化机场的手续，提高机场旅客的服务体验，减少工作量，是我们四年前就已经有的想法，直到现在我们才有成熟的技术来实现。到目前为止，我们对试运行的结果非常满意，非常期待真正实施的那天。

项目五 他国出境与中国入境工作

使用机场智能门入境的旅客不需要再进行注册，因为系统已经记录了他的信息。不使用智能门入关的旅客需要前往两个专门的注册柜台进行登记。由于现在还是在测试阶段，系统的数据库还不完善，但是只需要进行一次注册，下次就不需要再注册了。Al Marri 表示，为了迪拜的"智能城市"战略的实施，我们还需要推出更多的智能项目，特别是在 2020 年世博会期间，预计将会在 6 个月之内接待超过 2500 万游客。

(资料来源：http://www.sohu.com/a/258706259_175013)

【案例解析】随着智能化时代的到来，领队将面临新的机遇和挑战。人工智能时代，领队要树立精益求精、创新创优、与时俱进的终身学习观念。面对智能时代的到来，除了要能够提供标准化服务，还要能够学会用诚心和爱心提供"有温度"的服务，用精益求精的态度和创新创优的理念提供"个性化"服务。本任务将带领大家学习他国出境服务流程和标准、学习退税办理及提取的相关程序。

任务目标

4 月 10 日，小敏带领团队结束了澳大利亚七日游，从悉尼乘海南航空 HU7998 离境回国，在国际机场，小敏该为游客做些什么呢？有哪些需要注意的事项呢？

任务实施

请每个小组将任务实施的步骤和结果填写到活页的任务单 5-1 中。

任务评价考核点

(1) 熟悉他国出境及隔离区的服务流程及规程。
(2) 能处理各类突发事件。

任务指导

在完成了团队行程表所列的全部旅行活动之后，领队的带团工作慢慢地转向组织旅游团返程回国的活动中来。从离开他国(地区)到入境中国，还有许多程序需要逐步落实。领队只要稳定好心态，掌握好节奏，按部就班，就能保证一次出境旅游带团工作的顺利完成。

一、办理乘机手续

旅游团在结束境外的整个旅游行程后，需要搭乘飞机返回中国。领队及导游应对从城区到机场的用时进行充分估算，按照许多国家(地区)国际机场的要求，离境客人通常需要提前两个小时赶到机场。如果需要统一办理登记手续，在行驶到机场的路上，领队就应当将全团的护照、机票收齐。按照旅行社间的常规协议，境外接待社的导游应当负责帮助所接待的旅游团办理出境乘机手续。

抵达机场后，具体的乘机手续办理包括：行李托运；兑换登机牌；证件、机票发给游客；若有需要，购买离境机场税。

1. 行李托运

进入乘机手续办理区域，一般会先进行托运行李的安全检查。领队须带领游客一起将拟托运的行李全放在传送带上接受检查。之后由安检人员贴上"已安检"封口贴纸后，领队及游客携带自己的行李到航空公司值机柜台前准备办理乘机手续。所有的托运行李均应排列整齐，领队首先进行行李数量清点。待机场的行李员将托运行李系上行李牌后，领队需要再次清点数量并与行李员核实。有收取小费习惯的国家，行李托运完成后，领队应准备小费付给行李员。

【知识拓展】

部分民航国际航班的行李托运携带规定

【知识拓展】

航空公司标志及托运行李具体规定

航空公司以及航行线路不同，行李托运的规格和要求也有差别，甚至每年也会有部分更新。作为一名合格的领队，应该在得到任务后，查看相关信息，得到最确切的一手资料，为游客周全服务，以确保行程顺利。因此，领队一定要事先了解所乘民航国际航班的行李托运携带相关规定，并告知游客。此外，领队还要特别提醒游客注意，不准进行行李运输的物品有：不得携带易燃、易爆、腐蚀、有毒、放射性物品、可聚合物质、磁性物质及其他危险物品；不得携带违反国家法律、政府明令禁止出境、入境或过境的物品及限制性物品；不得携带武器或凶器、利器等；不得携带超过规定的纸币金额，不得携带货币、珠宝、金银制品、票证、有价证券和其他贵重物品。另外，如果部分乘客的行李箱超过免费托运的标准，而部分乘客行李箱尚未满额，可让他们进行合并托运，互帮互助，省钱省力。在实际操作中，周全的服务，也是提高游客满意度的法宝。

2. 兑换登机牌

领队带团抵达机场后，可直接统一为游客办理登机牌兑换。领队前往值机柜台，首先礼貌回应航空公司工作人员的问好后主动报告乘机人数，交付全部的护照和机票。办完乘机手续后，领队应不急于离开柜台，而要当面将护照、机票、登机卡、行李牌数清，确定无误后，礼貌地向工作人员致谢后再离开柜台。

值得一提的是，在实际带队中，因为人多或者有些游客的行李超过可免费携带的额度，为方便领队及时处理特殊情况，最好让游客按照护照顺序排好队，领队站到柜台一侧，向柜台一一交付游客证件，协助游客把行李托运完成，并统一拿好机票和行李票据。在这个过程中，如果有游客希望调换座位，这样办理也能免去调整的麻烦。当然，对于希望调换座位的游客，领队也可以先兑换好登机牌后，告知游客上飞机后自行调整，免去在机场讨论的麻烦。

3. 将证件、机票发给游客

进入出境边防检查之前，领队需要将全体团员召集到机场中相对安静的地方开一个短会。短会内容具体包括：①向大家介绍要办理的离境手续；②对于禁止出境和中国入境的物品，要再次提醒游客注意；③讲解机票、登机牌上的信息，如航班号、登机时间、登机闸门等(有时最后时刻登机闸门会有所改变，领队应及时提醒游客注意)，提醒游客在机场出境手续办完后自由购物时，掌握好时间，以免误机；④其他重要的提醒，比如不要给其他不认识的游客携带物品等。

讲完注意事项后，领队再将护照、机票、登机卡逐项分发给游客。

二、购买离境机场税

购买离境机场税，领队需要注意以下三种情况。

1. 大多数情况下，机场税已包含在机票中

一般国外机场收取的机场税，在购买机票的时候会一起付清。机场税的具体税项及金额会打印在机票上作为凭据。但也有一些国家的国际机场，如泰国，机场税是不在机票当中代收的，需要在乘机前现场购买。

2. 机场税不可向游客再行收取

按照国内组团社与游客签署的出境旅游合同的规定，境外机场税一项应包含在正常的旅游收费当中，应由旅行社予以支付。领队出团前应当对此项费用如何支付有所了解，如需要领队支付，则领队就需要在购买后将机场税凭据发给每位游客，以便游客应对关口检查。机场税若需交还旅行社报账，在应对了关口检查之后，领队还应不忘把机场税收据从游客手中收回并妥善保管。

3. 通常机场税应由境外接待社支付

通常情况下，在境外机场发生的机场税，是由境外当地接团社来支付的。境外接待社与国内组团社的包价旅游报价当中，一般包含机场税一项。因此，一般情况下，机场税是由境外接团社的导游代为支付购买的。

国际机场指示牌(中英文对照)

三、办理移民局离境手续

1. 填写出境卡

许多国家的出境卡是与入境卡印制在一张纸上，旅客在入境时就需要填写完成。入境时，入境官员会将入境卡部分撕下留存，然后把出境卡部分钉在或夹在护照里还给游客。因而游客在出境时，无须重新填写出境卡，只要把护照交给入境官员即可。但如果游客不慎将夹在护照中的出境卡丢失，此时就需要重新填补一张。

值得一提的是，并不是所有国家(地区)的出境都需要填写出境卡，如瑞士、美国等国家。另外，持另纸团体签证的旅游团在离境时一般也不需要填写出境卡。

2. 通过离境边检

边防检查，领队主要做好以下两件事。

(1) 礼貌地与导游道别。

(2) 带领游客进入边检区域后，在出境检查柜台前排队，依次办理离境手续。

游客向边检官员交上护照、机票、登机卡后，站立等待查验。如查验无误，护照将被盖离境印章，或将签证盖过"已使用"(USED)的章，然后将所有的物品交给游客，离境手续即告完成。

需要注意的是，边检出境官员检查旅客的护照及签证的时候，通常会按照旅客签证的有效期及准许停留天数进行推算，如超出，游客可能会得到惩罚。比如，我国内地游客到香港特别行政区旅游，所办理的个人旅游签证若规定在香港停留天数只能是 7 天，一旦超过，在香港出境时就会受到香港边检警察的盘问和惩处。

项目五　他国出境与中国入境工作

四、办理海关手续

1. 不同国家(地区)的海关有不同的出境限制

领队在出团前应到相关国家的驻华使馆、旅游局网站上进行查询目的地国家(地区)的海关违禁物品，并事先告知游客，叮嘱游客记住目的地国家海关的出境限制，竭力避免游客因携带违禁物品被他国(地区)海关扣押的事件发生。

2. 通过海关柜台

国外多数国家(地区)的机场海关，检查是以抽查的方式进行，通常是无申报物品的游客无须填写海关申报单，径直走过海关柜台即可。但如果携带了限制出境的物品而没有申报，则会受到惩处。因此，如果游客携带了限制出境的物品，应主动申报，以免出现麻烦。

通过海关前，领队应当就海关的规定及申报的利害向游客说明，要求游客主动向海关申报限制携带出境的物品。领队应帮助游客填写海关申报单并协助游客与海关人员进行交涉。

五、办理购物退税手续

购物退税知多少

领队小敏带领游客在欧洲游玩了10天，游玩期间，很多游客都购买了物品，抵达机场后，小敏该如何协助游客办理好购物退税手续呢？

【案例解析】

(1) 游客在境外所购买的物品中，包含了已缴纳的间接税，只要游客的购买符合当地退税的基本条件和规定，都有义务享受这部分税金的返还，小敏应引导并告知游客，帮助游客开具相关退税单。

(2) 退税单的开具分为直接退还现金，或当游客回国后打回银行卡或信用卡中，领队小敏应引导游客在退税单据上填好相关信息，抵达机场后，将退税单交给海关盖章，协助游客提取可退还的金额。

(3) 应注意的是，根据游客要退税的物品不同，退税步骤有些许区别，领队小敏要熟悉程序，并在机场协助游客完成。

购物退税是指将外国旅游者在旅游目的地国购买的商品价格中所含在该国生产和流通过程中已经缴纳的间接税(在我国主要是增值税和消费税)退还给旅游者的政府行为。

1. 退税的基本条件

虽然购物退税的条件具体在不同的国家是不尽相同的,但是退税的条件都存在一定的共性。

(1) 购买者非本国公民。

(2) 商品的用途是自用或者是家庭用。

(3) 消费的金额达到购物退税点(不同的国家要达到退税的税点不同,领队需要熟知)。

(4) 商品购买后在各国规定的时间内离境,一般为1~3个月。

(5) 商品不在规定的"不能申请退税项目内",如在免税店购买的烟、酒,在餐饮、住宿、干洗衣物、停车、交通运输等项目上的花费。

(6) 正确办理退税手续。

(7) 符合各个国家设定的特定退税要求。

2. 境外退税步骤

1) 各国退税规定

一般来说,各国的退税要求存在以上提到的共性,比如退税的比例依据多买多退的原则从11%~14%不等;比如食品一般不退税;又如欧洲一些廉价超市也不退税(即使退税,步骤也较繁杂,以下会介绍)。达到可以退税的数额各个国家也有不同的规定,比如,法国:125欧元;比利时:125欧元。

2) 退税发票的开具

一般情况下,在境外购物,超过当地可退税的金额,退税发票必须到商店的总服务台开具,导游带领的免税店手续简化,可以直接在收银台开具。开退税发票时,要出具护照和收据。但由于近几年中国购买力强大,退税也成为一种大家普遍知晓的步骤,很多商店在开退税发票时,常常简化这一步骤,只要购买的物品符合要求,就直接为客人开出具。退税发票一般分两种情况:一种是现金退税,还有一种是银行支票,信用卡划账。另外,不同的国家也会有不同所属公司的退税票据,退税方式会有差别,是信用卡退还还是现金退还,在服务台开设时,店员也会详细告知。在海关,发票必须和收据一起作为退税凭证,缺一不可。通常情况下,除了超市商店外都可以刷卡,并且商品标价中都已包含5%的信用卡转账手续费,不需要额外支付费用,携带国际信用卡是比较安全和方便的方式。导游带领的免税店物价与平常商店相差不大,个别商店如果支付现金,商店会以打折的方式将5%的手续费让利给顾客。

3) 退税步骤及类型

游客抵达国际机场,首先要拿着装有需要退税物品的行李箱,在机场退税区的柜台通过海关盖章,欧洲很多国际机场都专门开设了这样的区域,方便需要退税的游客排队办理;盖完章后,办理完行李托运及换登机牌等,进入登机口退税处领钱即可。退税的类型有直接退税、海关退税、托运退税、手提退税四种。

【知识拓展】

退税的类型

值得一提的是，在实际操作中，随着旅游业的不断发展、游客购买力的增强、退税金额的增长，大部分情况下，游客均可从出境海关的退税窗口获得退还的现金；一小部分情况，会在接下来的几周内，打回银行卡中。

六、准备登机

1. 领队应核实登机闸口并提醒游客

领队应注意收听机场内的广播，或向机场内的咨询台询问，或从电脑屏幕上查询了解所搭乘的航班登机闸口是否改变。在确信无误后，领队要将登机闸口及登机时间告诉游客，并提醒每一位游客不要误机。对年老游客和无购物需求的游客，领队应直接带领他们到登机闸口等候。

2. 避免游客因购物而误机

喜欢购物的中国游客多数不会放弃候机过程中在机场免税店购物的机会，此时领队应当及时提醒游客，一定要注意收听广播或查看机场显示屏中的提示，在机场规定的时间内登机。许多航空公司规定，航班起飞时间一到，舱门就会按时关闭。如有旅客没能按时登机，飞机也不会拖延等待而会照常起飞。为避免出现游客误机的事情发生，领队应及早赶到登记闸口，清点人数，与未能及时赶到的游客联系。

工作任务二　中国入境服务

思政案例导入

入境服务小插曲：怎么领取托运行李？

领队小李第一次带团去境外旅游，顺利结束完境外的 6 天行程即将顺利入境，小李快速找到了自己乘坐航班的行李转盘，可是面对要如何确保每位游客能够正确快速领到自己托运行李，小李犯难了。

【案例解析】通过边防检查之后，团队入境中国。小李应该查找行李厅的电子指示牌，迅速找到自己乘坐的航班行李运送带，并将行李转盘号码在微信群里通知游客，自己则站在显眼位置组织已经通过边防检查的游客前来领取自己的托运行李。领队要特别关注老人和第一次出国旅游的客人，防止出现未领取托运行李就通关离开隔离区的情况。小李在确保每位游客拿到行李后，一定要提醒游客各自清点检查，不要错拿他人的行李，确认行李完好无损。此时，团队比较松散，特别是散客拼团，游客拿到自己的行李后一般就地解散，后期发现问题处理起来比较麻烦。领队需要提醒游客在出隔离区之前确认行李没有问题，方可带领大家离开。

在带团过程中，领队要非常熟悉每个环节的具体流程和细节。优秀的领队必须具备爱岗敬业的职业情操；细心、周密、热情的服务意识以及灵活的应变能力与处事能力。本任务将带领大家学习中国入境服务流程和标准以及中国海关和中国边检的相关规定。

任务目标

航班即将抵达，小敏看着熟悉的长沙黄花国际机场，自有一份亲切感，为期 7 天的澳大利亚之旅在今天即将告一段落，想着随之而来的休息，小敏内心欢呼雀跃着……下飞机后，小敏集合游客，提醒大家带好随身物品，带领着游客快速地通过了检疫柜台，并提醒团队游客准备好各自的护照，准备入境。

请问：小敏下飞机后，需要通过哪些检查方可入境？

任务实施

请每个小组将任务实施的步骤和结果填写到活页的任务单 5-2 中。

任务评价考核点

(1) 熟悉中国入境的服务流程及规程。
(2) 能处理各类突发事件。

任务指导

一、接受检验检疫

1. 了解国家有关卫生检疫的法规

我国边防口岸的卫生检疫机构是依照《中华人民共和国国境卫生检疫法》为法律依据设立的，其目的在该法的第一条就已经阐明，是"为了防止传染病由国外传入或者由国内传出……保护人体健康"。我国所列的传染病，包括鼠疫、霍乱、黄热病以及国务院确定和公布的其他传染病。

为防止传染病由国外传入国内，卫生检疫机关将开展入境检查，对象包括：入境人员、入境人员的交通工具、运输设备、可能传染的行李、货物、邮包等。

2. 了解《入境健康检疫申明卡》的相关规定

《中华人民共和国国境卫生检疫法》第十六条规定：国境卫生检疫机关有权要求入境、出境的人员填写健康申明卡，出示某种传染病的预防接种证书、健康证明书或者其他有关文件。

《出入境健康检疫申明卡》的内容包括以下几方面。

(1) 对于精神病、麻风病、艾滋病、性病、开放性肺结核的外国人阻止其入境。

(2) 对在入境时发现的患有发热、咳嗽、腹泻、呕吐等症状或其他一般性疾病的患者，进行医学观察和流行病学调查、采样、实施快速诊断，区别情况，隔离、留验或发就诊方便卡，采取其他预防、控制措施。

(3) 对来自黄热病疫区的人员，查验黄热病预防接种证书。对于无证书者或无效证件者，应当现场予以黄热病预防接种并发证书。

(4) 检疫传染病的监测：发现鼠疫、霍乱、黄热病染疫者，必须立即隔离检疫。对染疫嫌疑人应按潜伏期实施留验；对染疫人、染疫嫌疑人的行李、物品，实施卫生处理。

(5) 对在国外居住三个月以上的中国籍人员(海员、劳务等重点人群)实施艾滋病和性病监测。

在没有重大疫情的情况下，中国游客回国入境不必填写《入境健康检疫申明卡》。回国入境时只需要接受红外线测温仪检测即可，领队可以带领游客快速通过卫生检疫柜台和红外装置，如无特殊情况不需要停留。出现重大疫情时，如 SARS 期间，我国入境口岸会要求填写《入境健康检疫申明卡》(见图 5-1)，通过检疫柜台时，旅客需要出示申明卡并接受严格的健康查验和仔细的体温检测。

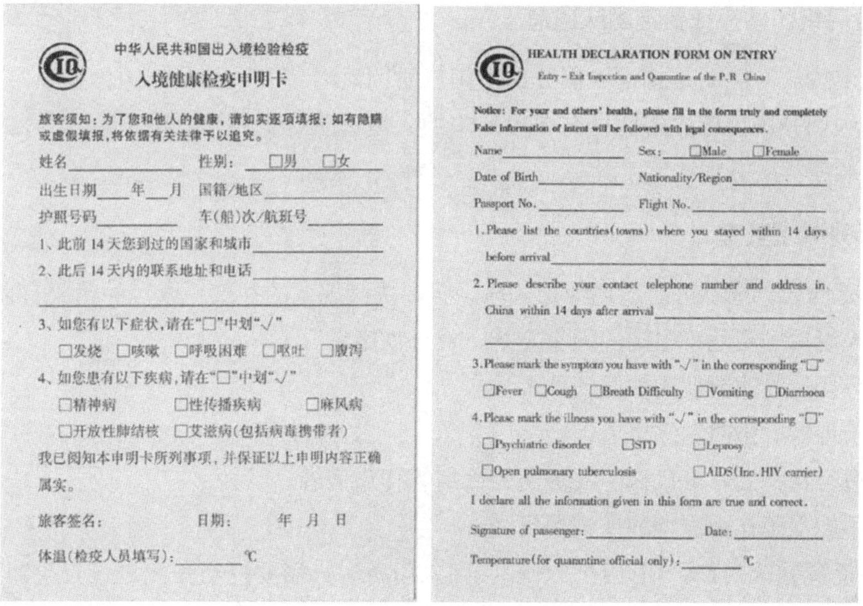
中华人民共和国出入境检验检疫

入境健康检疫申明卡

旅客须知：为了您和他人的健康，请如实逐项填报：如有隐瞒或虚假填报，将依据有关法律予以追究。

姓名________ 性别：□男 □女

出生日期____年__月 国籍/地区________

护照号码________ 车(船)次/航班号________

1、此前 14 天您到过的国家和城市________

2、此后 14 天内的联系地址和电话________

3、如您有以下症状，请在“□”中划“√”

□发烧 □咳嗽 □呼吸困难 □呕吐 □腹泻

4、如您患有以下疾病，请在“□”中划“√”

□精神病 □性传播疾病 □麻风病

□开放性肺结核 □艾滋病(包括病毒携带者)

我已阅知本申明卡所列事项，并保证以上申明内容正确属实。

旅客签名： 日期： 年 月 日

体温(检疫人员填写)：________℃

HEALTH DECLARATION FORM ON ENTRY

Entry - Exit Inspection and Quarantine of the P.R China

Notice: For your and others' health, please fill in the form truly and completely False information of intent will be followed with legal consequences.

Name________ Sex: □Male □Female

Date of Birth________ Nationality/Region________

Passport No.________ Flight No.________

1. Please list the countries(towns) where you stayed within 14 days before arrival________

2. Please describe your contact telephone number and address in China within 14 days after arrival________

3. Please mark the symptom you have with "√" in the corresponding "□"

□Fever □Cough □Breath Difficulty □Vomiting □Diarrhoea

4. Please mark the illness you have with "√" in the corresponding "□"

□Psychiatric disorder □STD □Leprosy

□Open pulmonary tuberculosis □AIDS(Inc. HIV carrier)

I declare all the information given in this form are true and correct.

Signature of passenger:________ Date:________

Temperature(for quarantine official only):________℃

图 5-1 入境健康检疫申明卡

3. 通过卫生检疫

需要接受卫生检疫时，乘务员会在返程的飞机上发放《入境健康检疫申明卡》，领队应当指导游客如实填写，申明卡用中文填写即可，由游客自己完成。游客在经过中国卫生检疫柜台时，领队需要提醒游客主动提交申明卡，短暂停留，接受检测。在没有疫情的大部分情况下，如无特殊情况，领队可以直接带领团队快速通过。

回国时，个别游客会因为身体原因出现高烧呕吐等现象，通过卫生检疫柜台时，体温检测不正常的游客一般需要接受进一步检查，以排除携带国外传染病毒入境的可能，此时，领队在获得检疫机关允许的情况下首先需要安排其他游客继续通关，引领游客至边防检查柜台，告知通关注意事项，要求游客在行李领取处集合等待；然后领队需要返回至卫生检疫机关，安抚被拦截游客的情绪，询问检疫机关的处理措施，并帮助通知游客家人；最后，领队需要将该情况报告给旅行社，听从旅行社领导的安排。如果检疫出现较为严重的情况时，领队需要保管好所有游客的联系方式，协助检疫机关的后续工作。

二、接受入境边防检查

1. 通过入境边防检查

领队应指引游客在"中国公民"入境柜台前排队，并提醒游客，进入边检口岸，不得摄像摄影，需保持安静。将护照一起交给入境检查员。入境检查员核准后在护照上加盖入境验讫章，将护照还给游客，则入境边检手续完成，旅客即可入境。

持有新版电子护照的游客，可按照入境现场引导员指引，自助办理入境手续。

2. 持另纸团体签证要走团队通道

如果出境旅游团队是持《中国公民出国旅游团队名单表》和另纸团体签证，须走团队通道。《中国公民出国旅游团队名单表》中的入境边防检查专用联由边检收存。游客按照名单表的顺序排队办理入境手续。

3. 特殊情况处理

尽管是回国，也有可能遭遇禁止入境。我国法律规定的被禁止入境的情况有以下几种。

(1) 入境后可能危害中国的国家安全、社会秩序者。

(2) 持伪造涂改或他人护照证件者。

(3) 未持有效护照、签证者。

(4) 患有精神病、麻风病、艾滋病、性病等传染病者。

(5) 不能保障在中国期间所需费用者。

需要提醒领队的是，在此环节一般回国入境游客只需要提交护照进行查验即可；但若团队游客中有在中国工作的外籍游客，该游客随同同事朋友外出旅行，再次入境回中国时需要填写中国入境卡，领队此时还需要提供翻译等帮助。

三、领取托运行李

1. 领取托运行李

完成入境边防检查后，进入中国境内，领队及游客首先应该认真查阅行李厅电子指示牌，确认所乘坐航班行李转盘的编号，然后前来领取自己托运的行李。领取行李之时需要仔细确认和检查，不要错拿、遗漏。

团队旅游因为行程一致，购买东西一样，容易出现相似的纸箱，游客容易错拿，领队需要提醒游客检查拿取的行李是否是本人所有，清点所有的物品是否齐全；提醒游客不要代拿，如若代拿一定通知行李主人本人。

2. 行李遗失的处理

行李遗失在旅游中是常见的，一旦发现行李丢失，领队需要掌握行李遗失的处理方法。首先，协助游客仔细查找，航空公司托运的大件行李都是在转盘上拿取，由于数量多，很可能有拿错或被盗、转机时行李不见了的情形，发现找不到行李时，提醒游客不要慌乱，看看四周有没有类似的行李箱被误拿。其次，行李确认遗失后，领队应协助游客进行失物登记。领队要提醒游客找到行李牌及机票，带领其到机场的行李查询台咨询及申报。该服务台一般设在海关大厅，靠近行李认领区。领队要协助工作人员填写《行李运输事故登记单》。最后，协助游客索取赔偿。根据国际航空协会规定的"终站赔偿法则"，多次转机的旅客，由搭乘终站的航空公司负责理赔。这类赔偿，通常会在行李超过21天仍未找回后进行。

关于赔偿的额度，每家航空公司处理问题的标准不尽相同，赔偿的金额也根据舱位不同而有差异。若之后找到行李，任何一家航空公司都会派人亲自送到旅客下榻的地点或者指定的地点。在行李送回之前，一般航空公司将馈赠日用品或代购金以表歉意。

3. 行李损坏的处理

行李损坏在旅游中亦为常见，一旦发现行李损坏，领队提醒游客找到行李牌及机票，带领其到机场的行李查询台索取赔偿。首先是看物品是否可以维修。如日本航空公司会把破损的箱子送回原品牌店修理，碰到有些客人是在日本购买的，会把箱子送到日本修理，这样前后修理的时间将长达两周，维修费用由航空公司全额承担。机场工作人员会在乘客托运行李的时候，仔细检查行李的破损情况并予以记录。为了解决旅客没有行李箱的不便，航空公司都会预先准备好不同尺寸的替代箱供旅客临时使用，待行李箱修好了再上门收取。其次，要求现金补偿。如果旅客认为维修时间过长，也可以要求现金赔偿。

四、接受海关查验

案例

通关手续都完成了吗

小敏带领所有的游客领取到了托运行李，检查确认无误之后，性急的团友就开始和小敏告别，谢谢小敏的一路关照，并急匆匆地准备离开。请问团队所有的通关手续完成了吗？

【案例解析】

小敏团队通关手续并没有全部完成，按照海关相关规定，游客入境中国，所有的物品需要接受海关查验，因此，游客领取到行李之后还需要通过中国海关的机器查验。

游客的所有行李在通过海关查验之后，所有的通关手续才算完成，小敏需要带领团队快速离开，禁止团队成员在附近逗留，告知需要等候家人朋友的游客可以在机场国际到达出口处等候。

1. 了解中国海关对入境物品的限制规定

领队带领团队入境，需要了解中国海关关于旅客行李物品入境的相关规定，并及时提醒游客，避免违法违规。

1）中国海关规定禁止入境的物品

① 各种武器、弹药、爆炸物；伪造的货币、有价证券以及制造设备。

② 对中国政治、经济、文化、道德有害的印刷品、胶卷、照片、录音带、录像带、CD、VCD及计算机存储介质等。

③ 烈性毒药。

④ 鸦片、吗啡、海洛因、大麻等能致人成瘾的麻醉品、迷幻药品、精神药品等。

⑤ 带有危险病菌、害虫及有害生物的动、植物及其产品。

⑥ 有碍人、畜、植物的，能导致传播病虫害的水果、仪器、药品或其他物品。

2）中国海关限制入境的部分物品

游客若在境外购买大件电器商品，携带入境时海关会依法收税。其他禁止入境、限制入境及需征税的物品规定如表5-1所示。

领队需要特别提醒的是关于个人自用物品5000元限额的规定，根据中国海关总署2010年8月19日颁布的201054号公告，进境居民旅客携带在境外获取的个人自用入境物品，总值在5000元人民币以内(含5000元)的，非居民旅客携带拟留在中国境内的个人自用入境物品，总值在2000元人民币以内(含2000元)的，海关予以免税放行，单一品种限自用，数量合理。海关对超出部分的个人入境自用物品征税，对不可分割的单件物品，全额征税。

项目五 他国出境与中国入境工作

表 5-1 中国籍旅客带进物品限量表

类 别	品 种	限 量
第一类物品	衣料、衣服、鞋、帽、工艺美术品和价值人民币 1000 元以下(含 1000 元)的其他生活用品	自用合理数量范围内免税,其中价值人民币 800 元以上,1000 元以下的物品每种限一件
第二类物品	烟草制品 酒精饮料	(1)香港、澳门地区居民及因私往来香港、澳门地区的内地居民,免税香烟 200 支,或雪茄 50 支,或烟丝 250 克;免税 12 度以上酒精饮料限 1 瓶(0.75 升以下)。 (2)其他旅客,免税香烟 400 支,或雪茄 100 支,或烟丝 500 克;免税 12 度以上酒精饮料限 2 瓶(1.5 升以下)
第三类物品	价值人民币 1000 元以上,5000 元以下(含 5000 元)的生活用品	(1)驻境外的外交机构人员、我国出国留学人员和访问学者、赴外劳务人员和援外人员,连续在外每满 180 天(其中留学人员和访问学者物品验放时间从注册入学之日起算至毕业结业之日止),远洋船员在外每满 120 天任选其中 1 件免税。 (2)其他旅客每公历年度内入境可任选其中 1 件征税

注:
1. 本表所称入境物品价值以海关审定的完税价格为准。
2. 超出本表所列最高限值的物品,另按有关规定办理。
3. 根据规定可免税带进的第三类物品,同一品种物品公历年度内不得重复。
4. 对不满 16 周岁者,海关只放行其旅途需用的第一类物品。
5. 本表不适用于短期内多次来往香港、澳门地区的旅客和经常进出境人员以及边境地区居民。

中国游客出国旅游疯狂购物比较常见,化妆品、手表、奢侈品等因为差价明显都是游客争相购买的对象,经常会出现超额现象。在境外旅游购物期间,领队应该适时地提醒团队游客关于中国海关的相关规定,回国之前,需要再次提醒游客,以避免游客通过海关之时被征税。对于超过 5000 元的手表、奢侈品等,领队应该提示,因为物品不能分割,海关将全额征税。另外,领队还应该提醒游客购物时应该注意单一品种要数量合理,如口红等小物品,如若单个游客携带数量过多,虽然总额没有超过 5000 元,亦会被征税,可以提醒游客如果是家庭出游,物品最好由家庭成员分散保存。

3) 中国海关允许入境但须申报检疫的物品

① 种子、苗木及其他繁殖材料、烟叶、粮谷、豆类(入境前须事先办理检疫审批手续)。

② 鲜花、切花、干花。

③ 植物性样品、展品、标本。

④ 干果、干菜、腌制蔬菜、冷冬菜。

⑤ 藤、柳、草、木制品。

⑥ 犬、猫等宠物(每人限带一只,须持有狂犬病免疫证书)。

⑦ 特需进口的人类血液及其制品、微生物、人体组织及生物制品。

针对以上物品，因为行程紧凑等原因，很多领队会直接告诉游客禁止携带。如无特殊情况，一般观光旅游团的游客为避免麻烦会不予携带。若遇到特殊情况，游客坚持携带，领队应该告知海关规定，并协助其办理相关检疫手续。

2. 游客自行接受海关检查

行李提取之后领队要带领团队游客通过海关，游客如有需要申报的物品，应持海关申报单(一般在入境飞机上填写好)主动向海关申报；如没有物品需要申报，则可以推着行李到海关柜台前接受 X 光检测机检查，游客所有的行李以及随身包包都需要过机检查。出境时游客申报过的旅行自用物品，复带入境时应出示出境时填写的申报单。

五、送团

送团工作知多少

小敏的所有团友全部安全出关，一路上大家建立了深厚的感情，大家都和小敏依依惜别，感谢小敏一路上的照顾与服务，小敏也笑嘻嘻地送别了所有的游客，在送团之时，小敏应该完成哪些工作呢？

【案例解析】

小敏需要完成以下三项工作。

(1) 小敏的团队是在机场集散，带领大家安全出关之后团队可以就地解散，小敏需要与每位游客致谢道别，确保每个人安全出关。

(2) 在团队解散、送别游客之前，小敏要最后确认所有的代收款是否已经收齐、意见单等单据是否已经填好、自己保管游客物品是否还没有退还等。

(3) 小敏需要等候所有的游客全部离开方可以离开，在此过程中需要帮助指导游客搭乘公共交通、帮助安排餐饮等。

1. 送团方式

(1) 机场送团：出境团队大多是散客拼团，很多时候是在机场集散，领队带领的团队如果是在机场散团，需要在到达大厅等待每位游客安全出关，并一一惜别致谢，确保团友都已离开方可离开。在需要的情况下，领队需要协助游客搭乘机场大巴、磁悬浮快线等公共交通工具，告知游客乘坐地点、买票方式等。

(2) 市区送团：有些旅行社为了提升自己的服务质量，团队行程设计中包含了市区定点到机场的接送，这些团队是在市区散团的，领队需要带领游客乘坐旅游大巴离开机场。到达市区送团地点后，领队要协助游客拿取自身所有的行李离开，一般中途不停车，领队要

项目五 他国出境与中国入境工作

做好解释说明工作，提前告知市区送团地点、到达时间，方便游客安排返家交通。

2. 致欢送词

领队送团之时致欢送词代表着行程正式结束，也是领队对本次行程的简单总结与回顾，好的欢送词能够加深与游客的情感联系，提升服务品质。欢送词一般包含以下几个要素：一是感谢，感谢游客对工作的支持与配合，对自身的关心与关照；二是致歉，对工作中的疏忽和不周到表示歉意，争取游客的谅解，同时也给机会再次解释说明原因；三是惜别，回顾旅程，美妙多多，不舍离开；四是祝福，祝福游客。

对于机场送团的团队，领队没有时间也不方便召集游客集合并致欢送词，一般可以通过微信群或者朋友圈完成，可以是文字，也可以是语言，往往还能配上旅途中的照片，给游客留下美好的回忆。

项目小结

本项目的学习主要是让学生了解并熟悉从他国出境和中国入境的具体细节及服务流程并能及时有效地处理各类突发状况，带领游客顺利通关。

思考与能力训练

一、简答题

1. 请简要说明他国出境及隔离区服务的流程。
2. 我国《入境健康检疫申明卡》相关规定有哪些？
3. 领取托运行李时，发现游客行李丢失，作为领队你该怎么办？

二、实训题

实训 1

请各小组制作所认领线路有关他国出境及中国入境流程的详细思维导图。

案 例	特 点	小 组
澳大利亚	澳大利亚黄金旅游线路	教师示范
德国—法国—意大利—瑞士	欧洲黄金旅游线路	一组
新加坡—马来西亚—泰国	亚洲黄金旅游线路	二组
加拿大—美国	北美洲黄金旅游线路	三组
巴西—阿根廷	南美洲黄金旅游线路	四组
南非—肯尼亚探险之旅	非洲黄金旅游线路	五组

实训 2

小敏带领团队在行李转盘处等候出行李,这时候团里一位老人家打电话来说找不到小敏,不知道哪里可以拿行李,经仔细询问发现,该团友通过边防检查之后径直通过海关机检,已经到了机场到达大厅,可是他的托运行李还没有领取。如果你是小敏,你该如何处理这个问题?

项目六

领队带团归国后的工作

【教学目标】

知识目标： 知道领队带团归来后的工作内容及应向 OP 移交的文字资料；掌握领队归来后的工作程序及注意事项。

能力目标： 能够较好地填写交予 OP 的文字材料；具备较强的问题处理能力、工作总结能力和自我反省意识。

素质目标： 培养学生的职业道德精神、敬业精神，维护游客的利益，工作细心负责，严谨认真；培养学生团结协作、顾全大局的意识。

【关键词】

领队归来后的工作程序　领队岗位职责　领队人员基本素质

出境旅游领队实务

工作任务一　与组团社进行工作交接

思政案例导入

　　领队如何完成《旅游服务质量评价表》并交予组团社 OP？

　　领队小敏带领游客从澳大利亚归国，作为旅行社资深领队，小敏如何完成《旅游服务质量评价表》归国后与组团社的 OP 交接呢？

　　【案例解析】《旅游服务质量评价表》通常是在行前说明会上发给游客，领队在旅程中回收后应带回交给 OP。《旅游服务质量评价表》集中了游客对旅行社提供的境外的旅游、食宿、导游等多项服务的评价意见，是来自游客的最直接的反映，对旅行社改进工作会很有帮助。《旅游服务质量评价表》通常由旅行社的客户服务部门收存。通过《旅游服务质量评价表》的统计与交接，培养领队维护游客利益、工作耐心细致、严谨认真的职业素养，以此树立领队职业典范。

任务目标

　　领队小敏带领游客从澳大利亚归国，作为旅行社资深领队，请你制定出小敏归国后与组团社的交接工作流程。

任务实施

　　请每个小组将任务实施的步骤和结果填写到活页的任务单 6-1 中。

任务评价考核点

　　(1) 领队与组团社 OP 进行交接工作。
　　(2) 领队与组团社进行财务交接工作。

任务指导

一、领队与组团社 OP 进行交接工作

　　领队境外带团结束归国后，整个带团工作并没有结束，领队应该尽快到旅行社完成工作交接。领队的一次完整的接团工作，是从团队出发前与 OP 的工作交接开始，也一定要到团队归来后与 OP 的工作交接完成后才算结束。只有完成了交接工作，才代表着一次完整的带团工作的结束。带团归来后的工作交接与出团前的交接相比，虽然要简单许多，但仍然需要领队能以善始善终的态度认真对待、妥善完成。

项目六 领队带团归国后的工作

领队与组团社 OP 之间的工作交接,分口头工作汇报和书面报告两部分。进行口头工作汇报时,领队需要对所带的团队进行简单的过程描述和基本评价,对发生的问题及解决过程分项进行概要汇报。领队如果有对团队的行程安排、地面接待的改进意见及其他合理化建议,也可以一并提出。领队向 OP 交接的文字资料,除组团旅行社所要求填写的《领队日志》《旅游服务质量评价表》之外,也包括此团运行过程中产生的其他资料。

(一)将《领队日志》和《旅游服务质量评价表》交予 OP

1.《领队日志》

领队按照要求每日填写的《领队日志》(见表 6-1),记载了团队从出发到归来每天的主要情况,包括住宿酒店、用餐、游览、导游、当日交通工具的运用等,是团队运行的原始记录,领队将其交给 OP 后,应当归入该团的档案中。领队交回来的《领队日志》应当保持完整,所有应该逐日填写的内容均已经按照要求填写,没有空白未填写页。

表 6-1 领队工作日志

团　号		领队		行程		人数	
		地陪					
服务情况评价(指游客对导游、司机、饭店、餐饮、游览、购物等具体情况的评价):							
游客对公司服务及产品的批评和建议:							
团队运行中发生的问题、经过及处理情况:							
领队自己的建议(包括经验及教训):							
行前沟通评价及总结:							
注意事项	1. 领队人员必须按格式认真填写,内容真实,字迹清楚。 2. 领队带团结束报账时,应将此表交领管审阅,否则不予报销。 3. 如有特殊情况需要说明,此表可翻写背面。						
填表日期:	年　　　月　　　日						

OP 应对领队交回的《领队日志》当场就进行认真翻阅,如发现其中有缺失的内容,应要求领队进行填补。对领队在《领队日志》中反映的问题,要及时进行处理,避免同样的问题在下一团的时候重复出现,对其中的重要问题,应报出境部部门经理知晓。

2.《旅游服务质量评价表》

《旅游服务质量评价表》(见表 6-2)通常是在行前说明会上发给游客，领队在旅程中回收后应带回交给 OP。《旅游服务质量评价表》集中了游客对旅行社提供的境外的旅游、食宿、导游等多项服务的评价意见，是来自游客最直接的反映，对旅行社改进工作会有很大帮助。《旅游服务质量评价表》通常由旅行社的客户服务部门收存。

表 6-2 《旅游服务质量评价表》

```
                           旅游服务质量评价表
您的姓名_____联系电话_____
身份证号码_____通讯地址_____
●您是何时_____搭乘何种交通工具_____(航班号)出境旅游的？感受如何？
  □ 好      □ 一般     □ 差
●您是否与旅行社签有旅游合同？ □ 是     □ 否
●旅行社名称：_____团号：_____
●旅游行程：_____
您对旅行社行程安排的评价是： □ 好    □ 一般    □ 差
●出境领队姓名_____领队证号码_____
您对领队服务的评价是： □ 好    □ 一般    □ 差
●司机姓名 _____车牌号_____
您对司机服务的评价是： □ 好    □ 一般    □ 差
●行程中，您满意的景点和项目有_____
_____，不满意的有_____
●行程中您满意的购物点是_____
不满意的购物点是_____
●行程中您满意的入住酒店是_____
不满意的入住酒店是_____
●行程中您满意的用餐点是_____
不满意的用餐点是_____
●您是第_____次出境旅游，您对此次出境旅游总的感受是：□好   □一般   □差
●您对旅行社安排的本次出境旅游线路是否有其他更好的建议？(可另附纸)：
_____
```

(二)将特殊事情的书面报告和接团工作总结同时交付

1. 领队对带团期间发生的特殊事情应进行书面报告

对带团当中团队在旅游期间发生的一些重要情况，领队应当提供单独的书面报告。团内发生过的一些事情包括团队游客过生日、游客之间发生的争吵、行李丢失、游客被窃等，只要是领队认为有必要进行汇报的问题，或在旅行当中发生的较重要的事件，领队都应以

书面报告的形式进行详细记录，以备日后查询。

2. 领队的接团个人工作总结

领队的接团工作总结，应当包括领队本人对所带领的出境旅游团的认识、对目的地国家的讲解要点以及对改进线路产品的一些建议。总结经验，对于领队的认识提高和业务能力增长十分重要。领队在总结中提出的对线路产品的建议，也可以使领队的业务智慧得到很好的体现。以上两种文字资料是作为领队对OP的口头带团工作汇报的补充，需要一并上交存档。旅行社的部门经理应当对领队的总结及报告及时批阅，避免其中提及的问题拖延。

(三)交齐其他与该团有关的资料凭证

1. 有证据作用的凭证

团队在旅行期间，如果有行程变更、增加自费项目、取消景点游览等，按照要求，都应有游客的签字确认。如团队发生过这些情况，有游客签字的单据，领队均应该保存起来，带回交付OP归档。这些凭证可以留作证据，以作为应对争议诉讼等不测之用。

2. 游客来函等资料

有些游客对旅行社的安排不太满意，会写成文字，让领队带回。领队应将这些资料认真收妥，带回交给OP。凡游客反映的所有问题，旅行社都应有专人负责给予答复。

《领队日志》以及领队为特殊事件所写的书面报告等领队上交的所有资料，都应由OP收齐归卷入档，要将其作为此团的原始资料档案进行编号登记并收存。按照国家有关要求，旅行社的全部业务档案应当至少保存三年才能进行处理。

二、领队与组团社财务进行交接工作

(一)按照旅行社的要求按时进行报账

通常各家旅行社规定的财务部门报账时效为一周，出境旅游领队应问清时间，遵照执行，领队在带团结束后应及时到旅行社财务部门完成报账工作。

(二)领取带团酬劳并报清其他账目

报账时领队要交付出团计划书，按照各家旅行社的规定领取出团补助。领队在带团期间，是否有借款，或因特殊原因得到组团旅行社批准个人垫付的房费、餐费、交通费或其他费用，也需在报账时一并结清。

工作任务二　保持与游客的联系

思政案例导入

领队带团归来忘记发照片

　　某领队小王带团归来，与旅行社交接完工作后就待在家里休息，过了一段时间，小王旅行社收到游客的投诉信，原来是小王答应把旅途中为游客拍摄的照片整理好发送给每位游客，但是小王带团归来以后认为自己的工作结束了，也就忘记了这件事。导致许多游客旅途结束回家后对此照片念念不忘，并对领队的疏忽大意产生不满情绪。

　　提问：领队小王应该如何做好境外归来工作？

　　【案例解析】游客从国外回到国内后，如无特殊情况，可以直接在机场散团。领队应归国后及时与组团社计调人员进行工作交接：口头工作汇报、书面汇报、协助旅行社办理销签，并将特殊事情的书面报告和接团工作总结同时交付、交齐其他与该团有关的资料凭证。此外，做好所带团的账务工作。最后要记得保持与游客的联络：带团归来不应与游客彻底告别、用多种方式与游客保持联络，如及时将旅途中为游客拍摄的照片整理好发送给每位游客等。

　　案例中领队因带队归来后工作疏忽忘记及时发送照片，导致游客产生不满情绪。因此，领队境外归国后要保持与游客联系；并不断提升自身规范服务意识和细致耐心的工匠精神，激发领队"爱游客、爱工作"的职业情操。

任务目标

　　领队小敏带领游客从澳大利亚归国，作为旅行社资深领队，请你制定出小敏归国后保持与游客联系的工作任务单。

任务实施

　　请每个小组将任务实施的步骤和结果填写到活页的任务单 6-2 中。

任务评价考核点

　　(1) 带团归来领队不应与游客彻底告别。
　　(2) 领队用多种方式与游客保持联系。

项目六 领队带团归国后的工作

任务指导

一、带团归来不应与游客彻底告别

1. 将游客作为旅行社的人脉资源加以重视

许多领队带团回国后,就与游客彻底告别,其实是一种工作的失职。出境旅游短则几天,长则数周,领队与游客之间日日相见,同甘共苦,共同经历了旅途的风雨,一起感受了异国他乡的美丽,因此可以有许多共同的感受一起交流。

2. 争取将一次性游客变成常规游客

游客多会有再次参加出境旅游的可能,领队应保持与游客建立起的信任关系,为游客介绍新的旅游线路,争取让游客成为旅行社的常客。

二、用多种方式与游客保持联系

1. 将照片发送给游客

领队应将游客视为朋友,将旅途当中为游客拍摄的照片通过邮箱、微信等形式寄给游客。游客看到照片后,也会将领队视为朋友。

2. 通过多种手段与游客进行情感交流

打个电话,或者通过 E-mail 等信息交换方式,与游客交流感受表达问候并感谢游客参加了旅游团,可以让游客对旅程的甘甜进行回味,对领队及组团旅行社留下良好的印象,为游客下次参加同一家旅行社的出行起到很好的铺垫作用。

案 例

旅行社和领队是文明旅游的推动者

游客罗女士第一次参加出境旅游,对于旅游目的地国家的基本情况不了解,出团前也没有时间参加行前会,在旅游行程中出了数次洋相,被同团游客和领队嘲笑,使得她尴尬异常:第一次,早餐吃完自助餐,她怕等会儿肚子饿,随手拿了两个鸡蛋,走出餐厅时被服务生拦下;第二次,她在酒店大堂大声说话,结果引来许多游客侧目。这些经历破坏了她的旅游心情,本是想放松心境,却徒增烦恼。在途中她已经向领队抱怨过,领队不仅不安慰她,反而认为她缺乏常识、自取其辱。罗女士知道自己的遭遇确实是由于自己不懂,但她也很想知道:难道领队就没有一点儿责任吗?

(资料来源:https://www.dushu.com/book/11828390/)

【案例解析】

从旅游企业,特别是从旅行社层面来看,对于文明旅游有许多工作要做,主要体现在引导游客、以身作则和劝阻游客等方面。

1) 旅行社要引导游客文明旅游

首先是旅行社在门市收客阶段，门市工作人员要向游客介绍旅游行程、旅游目的地的法律、风俗、文化，让游客在报名参团时对旅游目的地有初步的印象。其次是在团队出团前，尤其是出境旅游团，旅行社应当召开行前会，详细告知旅游行程中的注意事项，引起游客的注意。再次，也是最重要的一点，就是旅游行程中，导游领队要随着团队的进程，随时随地积极引导游客文明旅游。

导游领队在引导过程中，要树立几个基本观念和原则。

第一，文明是相对的，没有所谓绝对的文明。我国游客有些行为在居住地习以为常，是习惯，换一个地方就属于所谓的不文明。在这种情况下，要尊重游客的习惯，但要提醒他，这种习惯没有对与错，但在旅游目的地继续这样的行为就不合适，难以为旅游目的地的居民接受。所以，游客在旅游期间需要调整和改变自己的行为举止，否则就容易被旅游目的地的居民认为不文明。

第二，不要以生活常识为由，拒绝引导游客文明行为。导游和领队，特别是具有丰富带团经历的导游和领队，不能从自己的角度出发，而是要站在初次参团的游客角度出发，考虑如何引导游客。显然，如果能够从这个角度切入，去引导游客文明旅游，一定能够受到游客的欢迎，也可以减少类似案例中出现的问题。

第三，导游领队的表达方式很重要。导游领队不要以西方文明的标准或者以城市文明的标准，对游客的行为指手画脚、说三道四，不要轻易批评游客不文明，而是要以诚恳的态度、友好的方式、委婉的语态提醒游客，在旅游目的地的言行举止应当和旅游目的地的习俗一致，否则会被认为行为不文明。

2) 导游领队要以身作则

在为游客做引导服务工作的同时，导游领队最重要且必须做到的是以身作则、身体力行，即导游领队自己的行为要文明，以自己的文明行为引导和影响游客的行为。导游领队切忌一方面要求旅游团游客文明旅游，另一方面自己的言语、行为、服务都不文明。比如要求游客遵守旅游目的地的习惯，自己却在公共场所吸烟、随地吐痰。这样的导游领队是一个不合格的服务人员，给游客树立了一个反面的示范。

3) 导游领队要劝阻游客不文明行为

面对不文明旅游的游客，除了事先引导之外，在第一时间劝阻游客，是导游领队应尽的义务，也是导游领队唯一有效的办法。当然，导游领队劝阻游客时一定要注意方式方法，一定要让游客能够心平气和地接受，而不是教训、指责、训斥或者嘲笑游客。如果采取这样的方式方法，即使导游领队的出发点没有错，但效果一定是适得其反，引起游客对导游领队的反感，给顺利带团增加变数。

总之，罗女士在旅游行程中的遭遇，和罗女士没有参加行前会，没有在出团前学些与旅游目的地相关知识有关，但领队没有及时引导和告知，存在一定的过失，且和其他游客一起嘲笑罗女士，更是不应该。

项目小结

这一项目主要让学生了解领队带团归来后的工作内容及应向 OP 移交的文字资料和与财务的工作交接;掌握领队归来后的工作程序及注意事项;培养学生的敬业精神,维护游客利益;培养学生工作细心负责、严谨认真的职业道德精神;本项目让领队的整个带团工作画上一个圆满句号。

思考与能力训练

一、简答题

1. 请简要说明领队归来的交接工作主要有哪些?
2. 请谈谈领队归来后如何与组团社 OP 进行工作交接?

二、实训题

实训一

分组:八人为一组,将班级分为五个黄金旅游线路小组,选出组长,以小组为单位建立一家属于本组的旅行团。每个组建立一个群,整个班级建立一个大群,方便业务联系和以后微博互动。请把每组的联系方式都记下来。每组成员相互对以下三个问题进行组内提问,直到能流利地回答以下问题。

1. 归来的交接工作主要有哪些?
2. 领队归来后如何与组团社 OP 进行工作交接?
3. 领队归来后如何与组团社进行财务工作交接?

实训二

1. 各组根据自己所在黄金旅游线路的情况,将本组成员作为自己带团的游客,将游客信息进行分类,建档,记录在每个人的记事本上。
2. 记住本组同学的电话号码和各种联系方式,进行带团归国后的"与游客保持联系"的情境模拟应用。

活　　页

任务单 1-1

小组成员：		指导教师：
任务名称：		模拟地点：
工作岗位分工：		

工作场景：

(1) ××国际旅行社刚刚成立。

(2) 招聘领队人员。

(3) 人资经理拟定招聘启事

教学辅助设施	领队实训室，配合相关教具
任务描述	通过对旅行社出境领队招聘工作的展开，让学生认知出境领队岗位
任务资讯重点	主要考查学生对出境领队工作的认识
任务能力分解目标	1. 了解领队的概念。 2. 了解怎样获取领队资格。 3. 了解一名出色的领队需要具备什么样的能力
任务实施步骤	

任务评价及指导

1. 能否把握出境领队的岗位及类型？

   任务评价：

   任务指导：

2. 一名优秀的出境领队需要具备哪些能力？

   任务评价：

   任务指导：

任务单 1-2

小组成员：	指导教师：
任务名称：	模拟地点：

工作岗位分工：

工作场景：

(1) 首次接团需要带团出境赴泰国双飞八日游。

(2) 领队在出境游环节中的作用

教学辅助设施	领队实训室，配合相关教具
任务描述	通过对首次担任旅行社出境领队工作的展开，让学生知晓领队在出境游环节中起的作用
任务资讯重点	主要考查学生对出境游中领队作用的认识
任务能力分解目标	1. 了解出境游与领队的发展。 2. 了解领队的作用
任务实施步骤	

任务评价及指导

1. 能否把握出境旅游与领队的现状、发展状况？

任务评价：

任务指导：

2. 能否熟悉领队在出境游环节中的作用？

任务评价：

任务指导：

任务单 2-1

小组成员：		指导教师：
任务名称：	模拟地点：	
工作岗位分工：		

工作场景：

(1) ××国际旅行社东南亚事业部。

(2) OP 交代团队计划和安排。

(3) 领队领取相关证件和资料

教学辅助设施	领队实训室，配合相关教具
任务描述	旅行社出境领队接受带团任务，做好行前准备工作
任务资讯重点	主要考查学生对团队计划的核对、分析以及对出境行程的掌握
任务能力分解目标	1. 了解团队计划的内容。 2. 核对团队资料。 3. 熟悉旅游行程安排
任务实施步骤	

任务评价及指导

1. 能否正确核对团队计划及团队资料？

   任务评价：

   任务指导：

2. 能否把握境外旅游行程安排的流程？

   任务评价：

   任务指导：

任务单 2-2

小组成员：		指导教师：
任务名称：	模拟地点：	

工作岗位分工：

工作场景：

(1) ××国际旅行社会议室电脑。

(2) 领队召集游客召开行前说明会

教学辅助设施	领队实训室，配合相关教具
任务描述	了解出境领队召开行前说明会的要点
任务资讯重点	主要考查学生对行前说明会要点、行前说明会内容的掌握
任务能力分解目标	1. 掌握行前说明会的内容。 2. 能解答游客的疑问
任务实施步骤	

任务评价及指导

1. 能否成功地召开行前说明会并安排好出行前的相关工作？

   任务评价：

   任务指导：

2. 能否与游客进行有效沟通并解答游客的疑问？

   任务评价：

   任务指导：

活页

任务单 2-3

小组成员：		指导教师：
任务名称：	模拟地点：	

工作岗位分工：

工作场景：

(1) 小敏工作室；

(2) 团队资料核查准备；

(3) 个人行装准备

教学辅助设施	领队实训室，配合相关教具
任务描述	了解出境领队团队资料和个人行装准备
任务资讯重点	快速有效地准备好团队资料以及个人行装
任务能力分解目标	1. 准备团队资料。 2. 准备个人行装
任务实施步骤	

任务评价及指导

1. 能否快速地准备和核查团队必备资料?

任务评价:

任务指导:

2. 能否针对性地准备好个人出境游行装?

任务评价:

任务指导:

任务单 3-1

小组成员:		指导教师:
任务名称:		模拟地点:

工作岗位分工:

工作场景:

(1) 长沙黄花国际机场 4 号门国际出发厅;

(2) 领队召集游客召开机场说明会;

(3) 领队收取相关证件和资料

教学辅助设施	领队实训室,配合相关教具
任务描述	了解出境领队机场集合游客并召开机场说明会的流程和方法
任务资讯重点	主要考查学生对机场说明会要点、游客迟到等特殊情况处理方法的掌握
任务能力分解目标	1. 掌握机场说明会的要点。 2. 熟练处理游客迟到等特殊情况导致的变更
任务实施步骤	

出境旅游领队实务

任务评价及指导

1. 能否处理游客迟到、取消行程等特殊情况下的行程变动？
任务评价：

任务指导：

2. 能否召开机场说明会并为游客提供相关机场服务？
任务评价：

任务指导：

任务单 3-2

小组成员：		指导教师：
任务名称：		模拟地点：

工作岗位分工：

工作场景：

(1) 长沙黄花国际机场国际出发厅值机柜台；

(2) 团队办理登机手续；

(3) 团队办理行李托运

教学辅助设施	领队实训室，配合相关教具
任务描述	了解乘机手续办理和行李托运工作的要点和流程
任务资讯重点	团队办理乘机手续流程
任务能力分解目标	1. 了解国际乘机手续办理。 2. 了解国际航班行李托运要求介绍
任务实施步骤	

任务评价及指导

1. 能否顺利地办理团队乘机手续？

   任务评价：

   任务指导：

2. 能否指导协助游客办理国际航班行李托运？

   任务评价：

   任务指导：

任务单 3-3

小组成员：		指导教师：
任务名称：		模拟地点：

工作岗位分工：

工作场景：

(1) 长沙黄花国际机场国际出发港口；

(2) 通过卫生检疫以及海关检查；

(3) 通过边防检查以及安全检查

教学辅助设施	领队实训室，配合相关教具
任务描述	了解领队带队通关出境的工作流程和要点
任务资讯重点	海关、边检通关流程以及工作要点
任务能力分解目标	1. 顺利通过卫生检疫以及海关检查要做好哪些准备。 2. 通过边防检查领队要完成哪些工作。 3. 安全检查要注意什么
任务实施步骤	

任务评价及指导

1. 能否协助游客完成海关申报？

任务评价：

任务指导：

2. 能否带领游客顺利地通过边防检查？

任务评价：

任务指导：

任务单 3-4

小组成员：		指导教师：
任务名称：	模拟地点：	
工作岗位分工：		
工作场景：		
(1) 国际机场隔离区；		
(2) 国际航班机舱		
教学辅助设施	领队实训室，配合相关教具	
任务描述	通过对出境领队隔离区和飞行途中工作的展开，让学生了解相关工作要点	
任务资讯重点	主要考查隔离区和飞行途中的服务要点	
任务能力分解目标	1. 隔离区购物和其他服务能力。 2. 入境卡以及相关表格的填写。 3. 飞机上的服务	
任务实施步骤		

任务评价及指导

1. 能否填写各种出入境卡和表格？

任务评价：

任务指导：

2. 能否提醒游客隔离区购物规定？

任务评价：

任务指导：

任务单 3-5

小组成员：		指导教师：
任务名称：		模拟地点：
工作岗位分工：		

工作场景：

(1) 目的地国家机场入境大厅；

(2) 带领团队通过入境审查；

(3) 带队领取托运行李并通过海关检查

教学辅助设施	领队实训室，配合相关教具
任务描述	了解领队带队入他国国境的流程以及操作要点
任务资讯重点	卫生检疫、入境审查、海关检查
任务能力分解目标	1. 通过卫生检疫。 2. 通过入境审查。 3. 领取行李。 4. 通过海关检查
任务实施步骤	

任务评价及指导

1. 能否带领团队顺利地通过入境审查?

   任务评价:

   任务指导:

2. 能否处理行李托运中出现的各种问题并顺利地通过海关检查?

   任务评价:

   任务指导:

任务单 4-1

小组成员：		指导教师：
任务名称：		模拟地点：

工作岗位分工：

工作场景：

(1) 领队小敏带领游客入境澳大利亚并向游客介绍地接导游；

(2) 带领团队进入当地特色餐厅并为游客提供用餐服务

教学辅助设施	模拟领队小敏带团在澳大利亚餐厅用餐的真实工作环境，配合相关教具
任务描述	通过对领队小敏对游客在餐厅用餐服务工作的展开，让学生掌握领队在境外带团用餐服务的工作流程
任务资讯重点	主要考查学生对领队带团用餐服务的工作流程
任务能力分解目标	1. 向游客介绍地接导游并与地接导游密切合作。 2. 熟悉领队境外带团用餐的工作流程。 3. 能预防和处理团队在用餐中的突发事件
任务实施步骤	

任务评价及指导

1. 能否熟练地掌握领队在境外带团用餐的工作流程?

任务评价:

任务指导:

2. 能否预防和处理团队在用餐中的突发事件?

任务评价:

任务指导:

任务单 4-2

小组成员： 指导教师：

任务名称： 模拟地点：

工作岗位分工：

工作场景：

(1) 领队小敏带领游客下榻澳大利亚酒店并向游客介绍当地酒店；

(2) 为游客办理入住酒店和离店服务

教学辅助设施	模拟领队小敏带团在澳大利亚入住酒店的真实工作环境，配合相关教具
任务描述	通过领队小敏对游客在入住酒店服务工作的展开，让学生掌握领队境外带团入住酒店服务的工作流程
任务资讯重点	主要考查学生对领队带团入住酒店服务的工作流程
任务能力分解目标	1. 熟悉领队境外带团入住酒店的工作流程。 2. 能预防和处理团队入住酒店中的突发事件
任务实施步骤	

任务评价及指导

1. 能否掌握领队境外带团入住境外酒店的工作流程？

    任务评价：

    任务指导：

2. 能否预防和处理团队入住境外酒店中的突发事件？

    任务评价：

    任务指导：

任务单 4-3

小组成员:		指导教师:	
任务名称:		模拟地点:	

工作岗位分工:

工作场景:

(1) 领队小敏向游客介绍澳大利亚出行交通工具及司机;

(2) 为游客提供澳大利亚旅游行程的城市间转移的服务

教学辅助设施	模拟领队小敏带团在澳大利亚城市交通出行的真实工作环境，配合相关教具
任务描述	通过领队小敏对游客在城市间转移服务工作的展开，让学生掌握领队境外带团交通出行服务的工作流程
任务资讯重点	主要考查学生对领队交通出行服务的工作流程
任务能力分解目标	1. 熟悉领队境外带团对交通出行的工作流程。 2. 能预防和处理团队交通出行中的突发事件
任务实施步骤	

任务评价及指导

1. 能否掌握领队在境外带领游客在城市间转移服务工作的开展？

任务评价：

任务指导：

2. 能否预防和处理团队交通出行中的突发事件？

任务评价：

任务指导：

任务单 4-4

小组成员：	指导教师：
任务名称：	模拟地点：

工作岗位分工：

工作场景：

(1) 领队小敏向游客介绍游览行程中的景点及行程安排；

(2) 领队为游客提供游览中的服务

教学辅助设施	模拟领队小敏带团在澳大利亚游览的真实工作环境，配合相关教具
任务描述	通过领队小敏对游客在澳大利亚游览行程安排工作的展开，让学生掌握领队境外带团游览服务的工作流程
任务资讯重点	主要考查学生对领队带团游览服务的工作流程
任务能力分解目标	1. 熟悉领队境外带团游览服务的工作流程。 2. 能预防和处理团队在游览过程中的突发事件
任务实施步骤	

任务评价及指导

1. 能否熟练地掌握领队境外带团游览的工作流程？

任务评价：

任务指导：

2. 能否预防和处理团队境外游览过程中的突发事件？

任务评价：

任务指导：

任务单 4-5

小组成员：		指导教师：
任务名称：		模拟地点：
工作岗位分工：		
工作场景： (1) 领队小敏向游客介绍澳大利亚当地特产并安排购物； (2) 为游客提供购物服务并帮助游客办理境外购物退税		
教学辅助设施	模拟领队小敏带团在澳大利亚购物及退税的真实工作环境，配合相关教具	
任务描述	通过领队小敏对游客在购物服务工作的展开，让学生掌握领队境外带团购物服务的工作流程	
任务资讯重点	主要考查学生对领队带团购物服务的工作流程	
任务能力分解目标	1. 熟悉领队境外带团购物服务的工作流程。 2. 能预防和处理团队在购物中的突发事件	
任务实施步骤		

任务评价及指导

1. 如何为游客提供境外带团购物的优质服务？

   任务评价：

   任务指导：

2. 能否协助游客完成退税工作并处理在购物中的突发事件？

   任务评价：

   任务指导：

任务单 4-6

小组成员：		指导教师：
任务名称：		模拟地点：
工作岗位分工：		
工作场景： (1) 领队小敏向游客介绍澳大利亚当地特色娱乐项目并按行程安排娱乐活动； (2) 为游客提供娱乐项目的服务		
教学辅助设施	模拟领队小敏带团在澳大利亚进行娱乐活动的真实工作环境，配合相关教具	
任务描述	通过领队小敏对游客在娱乐服务工作的展开，让学生掌握领队境外带团完成娱乐活动的服务工作流程	
任务资讯重点	主要考查学生对领队带团完成娱乐活动的服务工作流程	
任务能力分解目标	1. 熟悉领队境外带团完成娱乐活动的工作流程。 2. 能预防和处理团队完成娱乐活动中的突发事件	
任务实施步骤		

任务评价及指导

1. 能否带领游客顺利地完成境外的娱乐活动?

任务评价:

任务指导:

2. 能否预防和处理境外娱乐活动中的突发事件?

任务评价:

任务指导:

任务单 5-1

小组成员：		指导教师：
任务名称：		模拟地点：

工作岗位分工：

工作场景：

(1) 悉尼国际机场；

(2) 小王带领团队离境

教学辅助设施	领队实训室，配合相关教具
任务描述	通过对他国出境工作的展开，让学生认知他国出境及隔离区的服务流程及规程
任务资讯重点	主要考查学生对带领团队他国出境及隔离区的具体服务操作流程
任务能力分解目标	1. 办理乘机手续，托运行李。 2. 购买离境机场税，办理离境手续。 3. 办理海关手续，办理购物退税手续。 4. 准备登机
任务实施步骤	

任务评价及指导

1. 能否熟练地掌握他国出境及隔离区的服务流程及规程？

任务评价：

任务指导：

2. 能否处理他国出境的各类突发事件？

任务评价：

任务指导：

任务单 5-2

小组成员：	指导教师：
任务名称：	模拟地点：

工作岗位分工：

工作场景：

(1) 黄花国际机场；

(2) 带领团队归国入境

教学辅助设施	领队实训室，配合相关教具
任务描述	通过归国入境领队工作的展开，让学生认知归国入境的服务流程及规程
任务资讯重点	主要考查学生对归国入境的服务流程及规程的掌握度
任务能力分解目标	1. 接受检验检疫。 2. 接受入境边防检查。 3. 领取托运行李。 4. 接受海关查验。 5. 送团
任务实施步骤	

任务评价及指导

1. 能否熟练地掌握中国入境的服务流程及规程？

任务评价：

任务指导：

2. 能否处理中国入境的各类突发事件？

任务评价：

任务指导：

活页

任务单 6-1

小组成员：		指导教师：
任务名称：		模拟地点：
工作岗位分工：		
工作场景：		
(1) 领队小敏带领游客从澳大利亚归国；		
(2) 小敏归国后与组团社的交接工作		
教学辅助设施	模拟领队小敏带团归国后与组团社交接的真实工作环境，配合相关教具	
任务描述	通过对领队小敏与组团社资料交接与财务交接工作的展开，让学生掌握领队归国后的工作	
任务资讯重点	主要考查学生对领队带团归国后续工作的认识	
任务能力分解目标	1. 领队的岗位职责。 2. 领队的岗位基本技能	
任务实施步骤		

任务评价及指导

1. 能否顺利地完成回国后领队与组团社 OP 进行的交接工作？

   任务评价：

   任务指导：

2. 能否顺利地完成回国后领队与组团社进行的财务交接工作？

   任务评价：

   任务指导：

任务单 6-2

小组成员: _____ 指导教师: _____
任务名称: _____ 模拟地点: _____
工作岗位分工: _____
工作场景:
(1) 领队小敏带领游客从澳大利亚归国;
(2) 小敏归国后保持与游客联系的工作任务

教学辅助设施	模拟领队小敏带团归国后保持与游客联系的真实工作环境,配合相关教具
任务描述	通过对领队小敏采取多种方式保持与游客联系,让学生掌握领队归国后的工作任务
任务资讯重点	主要考查学生对领队带团归国后续工作的认识
任务能力分解目标	1. 了解领队。 2. 了解领队岗位的基本技能
任务实施步骤	

任务评价及指导

1. 领队带团归国后如何与游客保持联系?

   任务评价:

   任务指导:

2. 能否掌握领队归国后的工作任务?

   任务评价:

   任务指导: